Veröffentlichungsjahr: 2018
Verlag und Druck: tredition GmbH, Halenreie 40-44,
22359 Hamburg

Christian Mauck

NIEMALS DIE STADT

(Anthologie/Remix)

„Sein Gesicht hängt an der Wand über dem Gang, der
hinauf- oder hinabführt. Man sieht Menschen dort auf
und ab gehen, die man schnell aus den Augen verliert;
teils erscheinen es endlos viele doch die Halle wird
nicht von ihnen gefüllt.
Im Gegenteil.
Mit ihren Blicken räumen sie auf und saugen alles
nicht länger Erwünschte aus der Welt und in sich selbst
hinein.

Sie haben nichts Verbotenes getan.
Aber auch nichts Erlaubtes."

2007

KAPITEL 1
ICH BIN DER
SCHLIMMERE FRÜHLING

01.
(Der spanische Pool)

Wir trieben es in der Caserna Alemana Antiga. Zwischen silbernen Schaufeln.
Beharrlich renke ich meine Glieder bis sie in ihre Fassungen laufen; sie singen und knurren ihre Halterungen an. Ihr Zorn ist ungerecht und sehr schmackhaft. Ich bringe mich herbei und sehe, dass ich unglücklich bin, denn der Pyrenäer (nur ein Name – er entstammt nicht mal annährend dieser Region) ist ein Teufel und gleißend, bemüht von primitiven Motiven. Am Fenster sind Hahnenköpfe auf einer Ethanol-vereisten Schnur angeordnet um das Geschrei des Pyrenäers unten aufzufangen - er brüllt durch die Gebirge damit die Ruinen ihm vom Land gehen. Die alten Kasernen stöhnen. Ich lege mir die Finger in die Augen, denn ich fühle, dass sie trocken sind; sie rascheln wie altes Laub. Ich glaube eines Tages gleitet alles durch uns hindurch...
Ich muss dankbar sein, dass der Pyrenäer bei den Sternen aufgehängt ist. Die schwarzen Ratten haben sich wieder in diesen Ruinen hier eingenistet, beklagt er, ich habe viele Jagdtiere: Hunde, Jaguare, Falken - sie finden sie nie. Sie kennen die schwarzen Ratten nicht, die schwarzen Ratten passen nicht in ihr Weltgefüge. Ich wunderte mich, wie er so wissend hat sein können.

Als ich mich wieder anzog, war ich äußerst konditioniert und flüchtig, es gab keine Anteile - Sie lag auf dem Bett oder es gab Sie nicht. Einer von uns war völlig unglaubwürdig geworden.

Mein Großvater sagte stetig, es müsse immer etwas geben, das wirkt.

Mein Großvater starb, als er sich eine Sig in den Arsch bohrte.

Unsere Träume waren befallen als wir unter dem spanischen Pool lagen und ich darüber nachsinnte, ob meine Augen noch wirken. Ein smaragdgrüner Pool in einem heißen Nachmittag am Rande des geduldigeren Wahnsinns. Wo alle Sprachen einem leicht zur Haut gehen, doch sich niemals lösen.

Ich hebe meine Liebe in den spanischen Pool. Unwillkürlich muss ich an ihre Vulva denken, aber ich könnte z.B. auch den Winter nicht beklagen, weil man nicht beklagen sollte, was vorhanden ist, man sollte sich nicht über seine Mittel im Unklaren sein. Gegen das Leid kann man nicht vorgehen, wenn die Attribute nicht mehr anzuwerfen sind.

In Ihr leuchten die Ego-Partikel; ihr brauner Körper riecht überall nach ihrem Sanktum. Sie drückt sich durch ein paar Geheimnislosigkeiten aus, die blasse Natalia steigt gerade den Hügel herab. Sie meinte, dass vor tausend Jahren Menschen an den denselben Ort gegangen sein könnten um dasselbe zu suchen. Die blasse Natalia schwingt ein grünes Messer.

Also lief sie an den Wandteppichen entlang durch die Straßen der Stadt; trug irgendwas am Leibe - ich wusste nicht, was das sein konnte. Sie konnte kein Wort Spanisch, aber aus der Intuition, dieser unendlichen Beherrschung heraus, mussten ihr die Wörter einfallen mit denen sie sich verständlich machen könnte. Sie spräche Irgendjemand an, weil sie es musste. Er sei wie ein Phantom gewesen, sagt Sie. Gerona reicht nicht in ihre Kontinuität herein.

Ich lache den spanischen Pool an. Die höchste Spitze der Menschheit stelle ich mir vor allen als Vulven in einer dunklen, undurchsichtigen Nacht vor, die niemand entdeckt.

Die blasse Natalia schneidet mir die Hand mit dem Duft ab, doch nun entflammt das Sanktum aus dem Blut. Ich bin unheilbarer verliebt.

Mein Großvater steht ohne Hosen in der Caserna Antiga Alemana. Er ist verbittert, er schreit: je schöner der Traum, desto regungsloser wird er.

02.
(Der Falkner)

Das Bild des Falkners hat eine Gurgel, klein und schwarz.
Das Bild des Falkners hat ein blitzendes Schulterblatt.
Die kleine Gurgel ist ein winziges Lebewesen ganz für sich selbst; das Schulterblatt hat eine Bandage, das heißt, dem Schulterblatt wird eine Bandage angelegt; sie kriecht ihm über die Haut wie die Fußabdrücke lüsterner Pferdefliegen.
Ohnehin sind diese kleinen Fallen und Hinterlisten der Physik kleine Attacken gegen das Schuldgefühl; die Handgelenkschürze lässt ihn weiblicher und eitler wirken als ein schöner, unbehaarter Unterarm. Große Tieresangst; sie überkommt.
Rührselige Schnauzer werden zwischen billigen, weißen Kunstzaungebilden und drahtigen Schößen umhergeschwenkt, während sich in ihren glänzenden Schnauzen, facettiert wie in dem Auge einer Fliege, die Straße und die Fußgängerzone spiegeln.
Durch das durchgezogene Fensterglas hindurch gleitet der Fuß auf den Bürgersteig hinaus; Schweben über schillernden Kehlen. Auf dem Steig gegenüber erscheint dreißigjährig die Forschung, mit einem luftigem Sommerkleid, und weiblich ist das Becken - ich rechne bruchstückartige Altersunterschiede von verschiedenen Dreißigerfrauen, höheren Jahrgangs als ich, gegeneinander auf. Um Sieben steht mir kein einziges Stück Dreck unter den Nägeln, die dann in den Innenräumen

völlig weiß aufglänzen als seien sie aus dem Bild der Welt gefallen. Niemand fegt Fingernägel am Bildfuß des Falkners. Mein Lied ist nicht nur ausgewachsen sondern inzwischen auch klar. Unter diesem und jenem Kleid eine steile Flucht...

Die Jungen streichen durch die Pflasternischen wie lebendige Bücklinge. Nicht unweit vom Bild des Falkners starrt ein Abfluss in den Himmel; der Hund sieht hinein; auch er glänzt; er ist bis einen Dezimeter unter den Rand gefüllt mit tropfenförmigen Silberfischchen. Auf dem Kostüm liegt Bier und Sommerhaut. Eine kleine Metallschiene und dazwischen gesteckt ein frühherbstlicher, vor Schluckauf und Aufstoßen dunstiger Laubwald mit der Erinnerung sublimer, kürzester Nervenbahnen. Gelenke in Zwangsjacken, schwebend neben den lebendigen Bäuchen ohne irgendeine Schwangerschaft; nur ein kleiner Dohlenkopf kullert unter der Bluse umher. Späte Frühstücke mit Kartoffelsalat und Kaffee aus Peru mit nussigem Aroma; gegessen in den Koteletten der Vorbeiziehenden. Neugierde steht in den Blicken wie in einer Blumenvase, gefüllt mit etwas überaus Unüblichem. Es ist schwierig die Straße hinauf zu sehen bei dem Wind. Der Himmel unterdes so klar und die Wolken so gewissenhaft konturiert, dass der trügerische Eindruck hervorgerufen wird, große Wohltaten würden einem alsbald zu Teil werden. Nur noch eine kleine Verzögerung, nur noch ein kleiner Krümel neurodermitischen Dreckes zum Wendepunkt! Die Schirme sind bedeckt mit hellen, weißen Schuppen, die trocken in der Sonne rascheln und warten vom Steilhang geklopft zu werden, von guter Hand.

Der Falkner hat heimlich gerade mal einen Kolibrihals,

aber das weiß keiner. Jemand hat ihm noch einen Oberarm gegeben. Er hat sich einen Oberarm geliehen, den er sich unter den Schal gesteckt hat, der ihn berührt, unter der Flut. Der Falke sieht weit fort. Als sei der Falkner Licht.

Unter den Schwingen kleben kleine Gedächtnisse mit denen der Falke gelegentlich fliegt wenn er seine Kräfte nicht verbrauchen will. Kleine Gedächtnisse, das können sein: guter, schlechter, akzeptabler Geschmack zu Formen und Farben, Gelände zu Kraftanstrengung, andie-Brut-denken, Erzeugen.

Pass auf, Falkner, sonst kommt es ans Licht. Der Falke besteht nur aus Traum. Und es sind nun auch noch ordentliche Träume, aufgeräumt und ohne Gewölbe. Führt und schläft über die Straße hinaus; heißes, ausgehöhltes Zelebrid.

Bestellungen gehen ins Wunderliche über; weißer Kaffee. Dumme Augen, hautfarbene Frauen, rote Geflechte aus Ast. Ist es vielleicht eine Allergie. Oder weil es schwimmt, weil etwa der Arm nicht weit genug zurück, fast hinter den Rücken zurück gebunden ist. Ohne die Verlängerung des Armes, ohne die Lederschürzen gegen das Fleisch, den Falken.

Manchmal sieht man Straßenkehrer, aber sie gehen nur vorbei; schwarz und satt glänzt Kaffee in den Pappbechern, mit denen sie vorüberziehen.

03.
(Seelische Republik)

Zuckender Sand; Ziel gerichtet herbeigeführte Blendungen auf dem Marktplatz.
Schwerer Humor über anthropomorphe Zwergenkrebse.
Der gelbe Verwaltungsbeamte strich über seinen Bauch; er trägt ein gelbes Tuch, klug um die Hüften gewunden, so dass sein schweres Glied darunter hervor fällt. Es rollt sich im Kontakt mit einer Frauen-Imitation zusammen gleich einer Ameise unter Sonnenstrahlen, unter dem Duft eines, alle wachen Momente schwächenden, wirr gewordenen Ozons. Er spaltet alle Finger, die er besitzt, in zwei Hälften.

Der junge Schuhputzer sieht ihn mit hinabstürzendem, trübem Gesicht an und verkündet seine Geübtheit. Weicher Schlamm; die alte Mutter rennt in die Böschung zurück, im Hand ein Glas kristallinen, mit Rausch-mitteln vermengten Leitungswassers. Sie pisst in die Kochtöpfe und verabreicht ihren kubischen Kindern raue Zungenküsse, woraufhin sie in die Gestalt von Messingplatten zurückfallen.
Er prüft die Nadel indem er sie abkocht und das kochende Wasser trinkt. Der gelbe Beamte flattert. Auf seinem Auge ist eine Welle; falsches Wasser, reine Imitation. Schakale fressen Bambus; er macht sie müde. Abnorme Tiere, stark, verfälscht und nicht erneut zu verfälschen. Der Beamte verfügt über immenses Wissen, er richtet die Tiere ab die Männer zu blenden.

Den Besatzern fällt nicht ein, was sie seinetwegen machen könnten.

Zu ihm kam ein, von ins Alter reichender Lanugo-Beharrung betroffener, unter Albträumen leidender Mann, der zugleich ein berüchtigter Verführer war, der mit Leichtigkeit und Grimassen sogar den leblosen Dingen über das traurige Ende einer Ludenbeziehung beizubringen weiß.

Der gelbe Beamte küsste ein degeneriertes Mädchen. Er stank nach Ozon und kranken Urin; er war so dumpf verzehrt wie ein verschwommenes Gepardengesicht. Der Leidende kniete sich nieder und zündete sich eine Zigarette aus vergilbtem Papier an. Er blies den Beamten Rauch auf die Brust wie ein vorprogrammierter Lustknabe. Weisheit hatte ein Ekzem auf das Gesicht gelegt, nur deswegen wagte der Beamte es nicht, ihn anzurühren und ihm, wie all seinen Liebhabern, Schaschlikspieße in die Achseln zu legen. Verärgert zog er sich ein schwarzes Hemd über.

„Vergib dem Westen", sagte er und setzte seinen Moosüberwachsenen Fuß auf das Knie des Leidenden; auf der Unterseite seiner Zehen trug er winzige Nadeln wie man sie auf der Haut von Kaktusfeigen findet, mit denen er konspirative Kälte in seinen Leib spritzte. Doch die Stickstoffhaltige Mischung verschwand direkt durch die Lippen des Fehlträumenden, die, wie er nun erkannte, durch diesen Vorgang vollkommen verbraucht waren. Das degenerierte Mädchen unterdrückte gequält, mit Lippen aus Lauge, ein Lächeln.

Der Beamte zog mit klebrigem Geräusch seinen Fuß

von der weichen, befellten Haut des demütigen Mannes und kehrte ihn, in die Küche voranschreitend, beleidigt den Rücken zu, in brüchigem Libanesisch Flüche herab leiernd. Sie brachen ab im Knall eines, sich tief in die rosigen Falten des Schalls hinein windenden Schwungs einer Peitsche.

„Arbeiten sie unten in den Kupfer-Lagern? Ich habe gesehen, wie sie die Rohstoffe auf einer Art Bett abluden. Ich hatte eine Schweineangst, doch ich war jung" – nervös träufelte er ein ätherisches Öl, gewonnen aus Limonengras, in seinen leuchtenden Mund – „es hat nicht zu bedeuten" – zu sich selbst – „warum eigentlich nicht? Warum nicht? Könnte es sein ..."

„Ich komme nicht von den Lagern, Herr, aber ich kenne sie durchaus. Sie köpften heute doch einen Dieb. Der Mann aß es. Sie fanden niemanden, der es ihm abkaufte. Er hat es für verdammte Medizin gehalten; als sein Kopf auszog um an den von Wildkatzen besetzten Ufern sein Glück zu machen, entdeckten sie, dass die gesamte Innenseite seiner Speiseröhre, seines Magens, ja sogar die Kilometer seines, so sagten sie, überaus köstlichen Darms von Kupfer bedeckt war, das sich unter der jahrelangen Einwirkung von Bakterien in einen gänzlich unbekannten Stoff zersetzt oder – wer weiß – ergänzt hat."

Der Beamte musste beinahe brechen. Verlegen wichste er einem Sandelholz-Pan den Schaft.

„Wofür" – begann der Mann, nach einer dramatischen Pause – „ich eigentlich hier bin, ist eine gänzlich andere Angelegenheit. Mein Vater wusste nicht viel, als er in dieses Land kam, und lernte auch nichts. Er erklärte mir als juvenilen Perversen, dass er einen Trick hatte. Nun

ja, nun machen Details eine Lüge nicht glaubwürdiger, daher fasse ich mich kurz: er entdeckte, dass es magische Kräfte freisetzte im Morgengrauen Polizisten zu töten. Ich begreife nicht, wie er, der immer so ungewöhnlich sanft war, derartige Verbrechen in einem solch aufwändigem Maße durchplanen konnte … er besaß sogar eine Populationsstatistik, auf der der Zuzug von Polizisten verzeichnet war, wie der Bestand der ‚Lager' (Städte) eingerichtet war, wie der durchschnittliche Fluss von Personal zwischen den Stationen verschiedener Lager organisiert war, etc., als Jugendlicher haben diese Dinge sehr verstört." „Doch heutzutage ist es vollkommen üblich, Polizisten auszumerzen. Sogar ich tat es schon." „Ich weiß."
Der Beamte fühlte einen Schleier aus Duft um sich kriechen. Er dachte an die Presse der Umgebung; kleine, ungefickte Jungen, die im Verlauf ihrer Freizeit auf Wäscheleinen wichsten. Zähne, zertrümmerte Häuserruinen in denen erdrosselte Säuglinge ihre ersten Schritte üben, Baiser, Kirschschnaps.
Der Fehlträumer duckt sich, vertauscht seine Gestalt mit etwas Essbarem. Steroid-süchtige Seiltänzer, Automobile wiegend auf der Spitze ihres hypochondrischen Knies. Am Ufer gruben die Wilden singende Frauen ein; fassungslos bot er ihnen an Materie aus seinem Becken zu schaben, was sie taten und abwechselnd an begrünte Fahrräder kotzten. Wie lange es dauerte, bis sie zu ihm kamen um ihn anzuklagen, wusste er nicht, denn die Krankheit hat auch ihn zerfressen. Mit dem Harz der roten Wabe bogen sie seine Gedanken.

Die Leinensäcke wurden schwarz.

Zusammen mit einem Fragment des Halses liegt der abgetrennte Ziegenkopf im Gras. Der Ziegenmann reibt den Schein. Der Hirte lässt Salzstücke zwischen seinen heißen Fingern auf das Passagenpflaster hinaus, als würfle er; ich gebe ihm die 3 Stücke und zwei kleine, weiche Scheine. Es ist gnädiger geworden; das Rinnen und das Gluckern des Blutes verschaffen mir Linderung.

Vor wenigen Stunden, am Morgen, haben sie mich aus dem Theater geschickt; sie sagten, nach Karmen gilt es vor allem den Kopf zu kühlen, besser gesagt, sie schreien es in hinter mit in den Himmel, in die zerrütteten Parkbuchten… Der Mandolinenbauer ist auf der Heide. Er lässt keinen Jungen vorbei mich zu besuchen … Alte Weiber zerschlagen die Stühle auf dem Tisch. Die Jahreszeiten vergehen; der Apfel liegt dort im Winter wie eine verfaulte, kleine Faust.

Der Tod, eine schöne, schwarze Prinzessin mit einem von Insekten geschriebenen Mund.

Ich sage zu dem Apfel Tier. Er hält seit Jahren aus. Ich erinnere mich, dass sie zu der Aufführung der Stücke Ravels nicht mehr gekommen war und ich, gekleidet wie Vorstellung eines preußischen Beamten und trunken mit weißem, geschmolzenem Rum, Zigaretten aus den Aschzylindern des Foyers stahl.

Unter dem Krebsgeschwür der Augen heben sich die Wilden von meinem Bauch. „Ich fische nur Pisse aus dem Dicken", murmelt der, der meinem Gesicht nahe ist. Als ich aufwache, scheiße ich ein rotes Wespennest. Der Parkwächter drückt von außen die Tür zu.

04.
(Die Knochen brechenden Wälder)

Fünfzig Beine, fünf Monate Zeit. Die Asseln schmelzen im Mund, gelb wie Glühwürmer. Norwegen, Schweden, Jahr. Ich trinke. Habe Lust darauf, wie die Haut brennt. Wenn ich bereits weine, ist es Tag geworden. Der Brunnen rennt; die Fichten spielen in meinem Haar. Der Mann der Stunde: taucht am Horizont auf und wenn man die Augen zumacht, ist er gerade vorbeigegangen. Manchmal gelangt man zur Schönheit, vor Allem wenn man allein ist. Obwohl ich die Pflanzen nicht tränke, kann ich ihnen beim Wachsen zusehen. Wie nah kommt der Stern? Ich rieche manchmal ein Tier in der Nähe; das hilft. Ich dachte, dass ich fluoreszierende Fische durch den Himmel hätte treiben sehen, bis sie sich in den Wolken verfingen wie in einem korallenen Versteck. In den letzten Stunden habe ich viele Namen in Schreien gehört. Hatte ein ganz natürliches Gefühl, wer weiß, was das war; vielleicht würde ich meine Würde nicht mehr suchen müssen – wenn man sein Wesen ganz auf ein Objekt hinrichtet, ist man weit entfernt davon, mit ihm eins zu werden, in ihm zu spielen, doch das ist mir lange nicht klar gewesen. Jetzt schüttele ich mich wieder. Vielleicht sind da Soldaten; husten nicht, wenn man ihnen an die Nüsse greift. Gehen Seefischangeln. Haben nur sich und stolpernde Tiger, die unterm Mond nicht stehen bleiben. Ich lege mich mit dem Rücken auf einen Skorpion; wenn ich mich dann und wann aufrichte wirkt er müde. Ich mache mir Sternenstaub; ich zerkleinere einen Planeten in der schwarzen Küchenmaschine. Mich errettend, die Kanäle zerkratzend, die Zehen spitzend in Gestrüpp triebiger Federn. Ein Mantra macht mir den Rücken schmerzen; Steinpharaos mit zitternden Brustwarzen. Sie haben mir gesagt, ich wüsste nicht, wie harte Arbeit sich anfühlt. Mein Gesicht verrutscht. Dann habe ich die betrogen... Dann tat ich das... Ich schiebe mir manchmal einen Elektrorasierer unter den Arm, aber das hilft nicht; hilft mir nicht so sehr, wie wenn ein Tier nahe kommt. Um zu vertreiben habe ich nur einen Stock; habe ihn selbst zwischen den Pflanzen aufgezogen. Ich habe ihm Haare gegeben; wenn ein Stück daran abbricht, kommt die eine oder andere längere Strähne zum Vorschein, den Haaren, die ich aber gab, ähneln sie kaum noch. Ich weiß, dass das Frauenhaar ist. Junge Schülerinnen beten jetzt; der Lehrer steht am offenen Fenster und sagt Gedichte auf. Die Atome der Luft, wenn sein Atem darüber streicht, haben Seedrachenform. Die Hühner auf der Schulfarm sind aus Palmenblättern zusammengesteckt. Aus dem Dunkel sticht ein Herz, schon leicht getrocknet. Ich trinke mein Herz hinunter; ich mach' dich schwer. Wenige Beine; werden auch dünner, heutzutage; zwischen zwei Streifen vom Regen. Flamme ist da. Bären jagen gehen: ihm auf die Augen blasen, ob es nicht geht. In dem einen Gesicht war die Nase ein schlanker Röhrenwurm. Eine gewisse Strecke die Wand entlang: Gebirge, Teich, Wal, und die Gedanken waren, dort stehend, viele Male weiß.

05.
(Aftershow)

Hinter dem Milchglas brüllt der verschenkte Harlekin
Der Himmel ist mit grünem Gummi gedämmt,
lispelnde Wartungsröhren kreuzen sich vor einer
dunklen Jacke
Opium schläft auf dem Bett einer Kürbispfeife
& dass der Abend kommt, ist ein Gral

Ferkel lutschen an eingesunkener Minze,
am Fußballfeld singt ein knirschender Rock
mit Benzin-beschmierten Rüschen, aber halt! -
man kann jetzt den Unterleib der Löwen sehen
& dass hier bald schon die Nacht ist, ist hell

06.
(Warp)

Meine Arterien weiten sich um seltsame Fische
Die Bettler räuspern sich vor einem großen Instrument
Und Frösche teilen sich entzwei

Ich rufe zu, einem, vom nahen Hockey-Spiel
Das alte Museum steht zwischen uns
Und wir huldigen Gott

07.
(Der Säulenbauer)

Er wischt sich die schmutzigen Hände in seinem Kittel. Sie sind Psalme. Sein Gesicht scheint kurz zu leuchten, dann verschwindet es. „Dein neuer Adonis ist traurig geworden", sage ich und mein Zeigefinger deutet einen Kanal im Himmel. Der Adonis, von dem ich spreche ist marmorn; Adonis verlegt sein Gesicht in seine Hand. Manuel befestigt seinen Mund an seiner abgelegenen Wange mit bedauerlicher Teilnahmslosigkeit. Dass es mich stört, sage ich nicht. Ich denke, wenn nur die Hälfte aller, durch den Menschen getroffenen Mutmaßungen wahr sind, die Welt der Unendlichkeit ja nicht unähnlich ist, oder kurz: wir bewegen uns hier mit Allem auf dünnem Eis (womöglich auch wie Maria Sharapova auf Sand). „Der Adonis, mein Freund, verkauft sich heutzutage nicht, wenn er glücklich ausschaut", antwortete Manuel.
Hundertfüßer schwirren am adamantroten Grund und verschwinden in die vereinzelten Grasbüschel. Der Tag, der über alle Nächte herfällt und sie uns kurzerhand ausräumt wie ein Dieb, so sicher, dass er zwischen den Zähnen eines Kamms entlang zu wandeln vermag. „Ich will jemanden besiegen, Freund", sagt er jetzt, ohne Freundschaft; eine Weile hielt er sich selbst den Mund dann er richtete er ihn gegen den strahlenden Terrassengrund; er kennt sich selbst zu gut, denke ich. Das kommt, da der Himmel derart stiert; wenn der Himmel stiert, heißt es, dann ist eine Wiese ein Pferd, das nicht

frisst. Oder ein Esel. „Hast du das verstanden", überzeugte er sich nach einer Weile; „es liegt so klar wie ein Traktat vor mir", sage ich ihm. Ich grabe eine dünne Plastikschiene in Weißwein-Mousse. Ich suche meinen Mund und Ouroboros in einem verklebten Pappbecher. Jede Wiese ist ein Pferd, das nicht frisst. Und, früher oder später, springen dort zunächst Hundertfüßer, dann, wenn die Grasfläche nur lang genug dazu ist, kriechen die Tausendfüßler in sie. Schlafen in einem Licht aus Nichts. Das Nichts ist weich. Und es wird grundsätzlich bei erster Gelegenheit entführt. Etliche Tage ohne weiteren Schlaf. Das Licht aus Nichts liegt wie ein Welpe vor dem Samstagabend und der Hals wird ihm durchgeschnitten. Unmittelbar danach aber kehrt es heim, kommt aufs Neue angetrottet.

Die Tausendfüßler kriechen solange in den Grasbüschel bis du ihn ausreißt; dann sprichst du mit den Säulen; dort oben eine Figur, so plastisch, dass du ihre Lungenoberfläche vorbehaltlos so groß wie deine empfindest, mit einem platten, elefantösem Fuß auf einer Erde, auf der Pferde und Esel kein Gras fressen. Manuel verschiebt einen Finger in die Braue.
„Jeden Tag an dem ich aufwache, hier unten auf der Erde – morgens ist sie gelegentlich golden – ist mir nicht kalt. Ich liege morgens in der Haut und bin sehr gemäßigt." Schnell gleitet seine Hand über seinen Kittel zu den, trotz seiner vor wenigen Monaten noch schwärmerischen Gesinnung, nüchternen, nahezu protestantischen Gesichtszügen zurück. „Immer nur das Graben im Gesicht zu haben, den Schädel als Baustelle, lässt jeden alt werden." Der Fingerzeig des Adonis

scheint sich in jedem möglichen Winkel auf tatsächlich Manuel richten; Manuel steigt auf keines seiner Gerüste, da er weiß, dass er sofort die Hand des marmornen Adonis im Gesicht hätte.

„Die glücklichen Adonii werden zurückgebracht, weißt du", sagt er, immer langsamer im Sprechen werdend, „sie kommen immer am Sonntag zurück; früher, als ich sie noch versuchte an den Mann zu bringen, meist gleich mehrere mit Lieferwägen. Nur wenn ich nachts auf der Erde liege, bis sie kalt geworden ist, aber nie mehr so kalt, wie sie noch vor kurzem kalt wurde, und morgens solange liegen bleibe, bis sie ein wenig warm, aber nicht übermäßig warm geworden ist, dann werden sie behalten. Bis ich nichts mehr aushalte, bis ich aufgrund der mäßigen Kälte und der mäßigen Hitze nicht mehr weiß, was ich bin."
Er hatte den Ärmel seines Kittels verkürzt, merkte ich. Ich ließ meinen Hals und das Handgelenk knacken und sah lange auf die absolute Spitze seines Kopfes, sagte: „du warst immer sehr freundlich, aber nicht sehr dankbar, mein Freund". Manuel lachte mit Atmungen. „Ein Dämon ist alles außer Materie; seine Materie ist im idealen Fall", mutmaßte ich und schob den Pappbecher in einen Papierkorb unter dem Tisch ohne von der Bank zu gehen, „exakt ausgeliehen. Nun gut, ich bin dein Freund, ich werde hier sitzen bleiben, bis du besiegt worden bist. Mach mich früh genug nur darauf aufmerksam, dann werde ich sogar zusehen." Er bedankte sich eilig, aber ich habe ihn dabei nicht ins Gesicht gesehen.

Solange Adonis sich an ihn heranschleicht, darf niemand hinsehen, es wurde bisher noch keinem Menschen gestattet.

Wenn ich schnell die Augen zupresse, werden sie länger geschlossen bleiben; Adonis erlaubt schließlich kein Gerüst, er muss von der 5 Meter hohen Säule selbst herunterklettern und das, ohne dass man ihn hört, denn auch das ist noch untersagt. Er wird sich etwas einfallen lassen müssen, aber daran zweifele ich nicht, denn er ist wirklich traurig. Ich lasse leichter die Lider geschlossen, wenn ich eine Reminiszenz an Manuel stattfinden lasse. Ich habe ihn im Kopf; er geht im Schädel; die Pupillen verlaufen auf seinen Augenbällen während er die Bänke Knochen wäscht. Seine Bank ist nicht verklebt.

Ich denke von dir, Manuel, dass du am unteren Fuße einer weitreichenden Karawane stehst wobei dein Gesicht zermürbt ist. Dass du mit deinen Fingern spielst als wären Ringe daran. Dass du deine Brauen rasierst, damit zu Zeiten, wenn die Sonne am höchstem stehst, kein Schatten in der Pupille ist, und das Augenweiß zieht wie ein zartes Äderchen hinten in den Kopf hinein.

08.
(Makro)

Kür 6

Gurt und Binde aus gelehrsamen Karbon -
sombre; Carré eines Herzinfarktes. Ist „Lust" in deiner
Stirne lebhaft?
Ohne Zweifel.

Ihr Leben ist gänzlich eine Gouache; die Farben der
Nervenstränge
Melodie oder vielmehr Gestammel des Leibes
„SILBER" eines Vogels doch
An Liebe und Nicht-Tod Zweifel geboren;
Targe et Pice

Bei der Parade begegnest du dem, vorhin noch
zurückhaltenden Traum wieder; du erscheinst deinen
Eltern im Schlafe

Deine Sonne: Mühe? Tripper?

"Stroke of Luck"; feiner, nackter Affe in einem
Triptychon
Vanessa Ferrari, die Kindfrau, schnallt sich einen Gurt
um.
Daidolous und Ikarus. Die siebte Schule.
Parcours. Spott bleibt übrig.
Ruhr, Mondschein.

09.
(Ein Bär wäscht sich mit Benzin)

Einen Zentimeter ihres Haares schneide ich ihr
Mein treuer Freund geht hinaus und schluckt
Ich, Lithium, ein Leben lang

Mit Herakliten und Dinosauriern
Mit Halsbändern und einen warmen Körper wie ein
Bidet
Wir werden auf die Stechpalmen gehen

10.
(Mastodon)

Du bist die Kürbishaut
Im Regenwald ein Klafter, im europäischen Regenwald

Die Gassen haben ein hohes Dach,
du bedrohst mich mit einer zerrissenen Schere und
ich gebe dir mein ganzes Geld

Dein verdunsteter Ekel
Die lange Wendeltreppe um den Fluss
Ich bin dein hinuntergaukelndes, verschattetes
Mastodon

11.
(Großmensch)

Das Stahlwerk brennt; die Wehr fällt vorüber. Ich drücke mich an den niedergelegten Grablichtern vorbei. Irgendwas ist mit ihm; eine Scheibe aus Öl und Schwarzbrot bedeckt seinen Mund. Sehr bald ist es wieder Samstagabend; er zuckt nervös zusammen und findet niemanden, der ihm im Seitenfleisch der Passagen bedienen will. Mit seinen Augenausdruck hat er bereits die Linie übertreten. Was bringt es da noch zu lamentieren, auch wenn du erektile Iridiumpakete aus Ruhm gleich Skorpionenjungen auf dem Rücken gruppiert trägst? Gewöhnte dich an den Blick der schönen Russin; alle Pistolen versuchen in deiner Brust.

Ich lehne mit einer Stimmung von Monotonie gegen mein Fahrrad und schon bin ich ein harter Arbeiter geworden. Mit seinen Ellbogen drückt ein Unbekannter eine schielende Katze über den Balkonkranz in die tiefe Passage hinab und ergibt sich einen schlimmen Anfall. Alle Ladentüren öffnen sich zeitgleich.

Als ich eintrete, trete ich ihm auf den Fuß; er hat weibliche Brüste; in seinem Gedanken schaukelt ein kleiner Affe mit einem Blütengesicht. Wie alle, deren Domizile ich betrete, hat er einen grässlichen Bildgeschmack; an der Öffnung des grünen, von Weitem schon stinkenden Wasserhahns in der schiefen Seitenküche klebt ein Mottenmündel. Er sitzt auf einem schwarzen Muff; es macht ihm offensichtlich keine Umstände im halben-Minuten-Takt einen fahren zu lassen. Seine Lippen haften aneinander; ohne Schmatzen kommt für ihn Sprechen gar nicht erst in Frage.

„Du bist von 1982, oder?", er brabbelt ein raues „Mhm" aus. In meinem Kopf erst kommt es mir wie eine Zustimmung vor. In meinen Gedanken verspätet er sich immer. Drachenfliegen kriechen unter die Knochen; seine Niere glänzt mich irgendwie an.

In einem überladenen Café kratzen wir den Mittag an; in den Straßen, durch ein schmales Fenster wie einen Schlitz, müssen wir sehen, steckt kein Stück von Gliederung. In seinen Warzen stehen goldene Dolche; er keucht, hat Rückenratten, quietscht er. „Ist nicht so gut, oder?", sage ich und schiebe ihm einen Brotlaib entgegen wie einem alten Elefanten. „Du bist eine Melangerie, weißt du das?", „Hör auf, Laika", „Nein; kann ich irgendwie nicht." Ich pass auf, dass sich mein Fuß nicht in einer seiner Winterfalten verebbt. Ich muss aufpassen auf das Gift, das die schöne Ungarin in die Schokolade wirft.

Die schielende Katze fällt in das Netz eines Kinderwagens und verschwindet; ein Knäuel ineinander geratener Schals schiebt sich schwebend den Gehweg entlang. Mein Zug fährt an der Messe ab. Den U-Bahn-Tunel muss man anblicken, ganz bis zu den Rolltreppen im Sprint bleiben und sich wie beim Hochsprung über eine Hürde lenken; da gerätst in Gewässer. Gib mir 'ne Woche, dann habe ich mich durch sie bewegt und stürze aus fünf Metern über den Gleisen auf den Bahnsteig zurück; meine Routinen würden es überleben.

„Ich lass dich vor mir gehen, Borste, alte, gute Borste"
Er erzittert künstlich wie ein ärgerlicher Ashura, sein
Metall klimpert, ich weiß nicht wie. Das Plakat in sei-
nem Rücken flackert und wird lebendig. „Wie hoch
sind deine Schulden eigentlich?", „Weiß nicht, Borste;
vielleicht eine Milliarde. Übernächste Woche arbeite
ich sie ab. Der Sessel rutscht über den PVC umher; ich
brauch ein paar Steine."

Ich schließe ihn in seiner Hausnummer ein, geh an
Aquarien vorbei, kaufe Wasser bei jeder Tankstelle auf
dem Weg ein. Meine Hände schlafen mir hinter dem
Rücken ein. Es wird zwei Stunden später Samstag-
abend, steige an der Arena auf und ab, wo ich nichts
will, schwimme über die Brücke, auf der ich nichts
mehr weiß, fahre mit den Bussen und Bahnen, in denen
ich nichts zu sagen habe.

12.
(Grünes Gras)

Geoff Berners Rabe; mit Trenchcoat, Liebigstiel
Die Handtaschen hicksenden Brahmanen
Die Augen, die aufgedeckt können
Ein Hund vergiftet sich in und mit grünem Gras

Es, ein gedrücktes Mundschlagzeug
Die Mondgondel und eintausend-seienden Wärter
Möwen: die Nixen, deren Kelch eine Gruppe Ochsen
ist
Die Pflastersteine unter dem Eisteller; grünes Gras

13.
(MILF)

Die physiologische Heiterkeit; die Schwielen
wie an Spitzen und Ballen des Handwerkers;
die geröteten Länder; dass du mich, in Sandpapier
liegend, schluckst
Die Wurzeln der Esche knacken und springen dann
entzwei; der Kanal, der von Rosenblüten
langsam verdirbt

Ein Haus, das ein lockeres Gemüt
annimmt; die organlosen Nymphen
in immer duftenden Wäldern

14.
(Fotographien am See)

Sie schnarren, die fahrenden Räder
Dunkelblaue Jeans, Augen, durchfallschwarz

Ich, junge und volle Frau, ziehe den Pullover aus
Der Reisig verweht und kühlt an der Böschung

Und ich will

KAPITEL 2
AUF DER HÖHE DER SONNE

15.
(Die Sonnenfurche)

Das blaue, reinliche Trockenwasser des Abends drückt;
ein Magnatsskalpell auf einem Eck aus Kork.
Die Himmelfrau; ihre Waden sind aus flammenden
Bast.
Die Himmelfrau fragt jeden, wer das ausgewaschen hat.
Sie deutet auf ein Magazin auf dem aschefarbenen
Grund.

Stur streichen perlmuttfarbene Schnecken über die
Straße aus Dampf. Der Wind schluckt die Teergrube; es
singt ein Loch in der Erde. Die Himmelfrau hat einen
Jungen mit einem schiefen Daumen angehalten,
während diejenigen, die aus einem akuten Anlass
heraus die Suche und die große Prachtfahrt der Göttin
Artemis herzustellen in Begriff stehen, eine Castella
vergeuden; ihre goldenen Augen sind voller Narben in
Formen kleiner Gabeln. Die Liebe zu einer alten,
gebräunten Dame sei unschön; *pochpochon; mein
Mann bist du schon faul?*

Das Magazin zerbricht, der Junge staunt.

Mezänus lächelt, „mein Liebster, das Licht rückt in die
Windflasche, bist du des Wahnsinns". Die
aufgeschlagene Rum-Anzeige ist nun eingelassen in das
Angesicht des Grundes; die karibische Frau ist eine
Madonne im Spiegel des Äthers; es ist zu leicht.

Der Krumme sagt: „es ist zu leicht, sie Erdfrau zu nennen"; die Himmelfrau wäscht sich die Borreliose mit einem Schwamm aus Fleisch. „Er ist zu leicht", sagte der Physiotherapeut Mezänus - der Kopf, er soll machen, dass er schwer wird. „Nichts leichter als das", sagte der Krumme; er presst etwas heißen Rotz aus dem Hals, bevor er weiter spricht. Er sagt ihm, dass er alt und durchaus ziemlich gebildet sei, sich nie trügen ließe. Er erzählt ihm, dass der Praxisraum sich zunächst allmählich mit royalistischem Azur und Purpur voll sog, nun sich aber ein gelber, drachenförmiger Schein bereits seit einer halben Stunde, stetig intensiver zu wachsen scheinend, auf dem Gesicht des Physiotherapeuten hervorbildete.

„Auf die Fliegen in der Grube steht die Sonne", sagt er, das hat es ewig nicht gegeben, nicht, seitdem die Himmelfrau davor gestanden hat. Die Fliegen wissen jetzt über die Vorgänge der Geburt; am Abend werden sie allesamt fort sein. Sie wollen sich in die Sonnenfurche legen, im Gesicht des Therapeuten.

Mezänus Kopf ist so schwer geworden wie Granit. Sie werden ihm den Drachen aus dem Kopf trinken. Die Schnecken trinken die Erdfrau aus dem Grund; der Junge mit dem krummen Finger nimmt die Anhöhe zur Praxis; seine Beine bleiben stur gegen die Schatten der Pinien.

Die Himmelfrau wäscht sich das Gesicht in einem Brunnen, sie geht umher und, als der Abend erloschen ist, legt sie sich die goldenen Schnecken auf die Schenkel; sie kriechen hinauf und verschwinden für die Flüchtigen auf der Suche nach der Göttin Artemis unter dem Himmelsrock. Die Flüchtigen haben übermenschliches Glück, denn wohlbehalten taucht sie, Artemis, aus dem Schatten des Pinienwaldes auf. Sie ist wohlbehalten, nur die Fersen, sagt sie, hat sie sich gestaucht, geschehen beim Betreten des Zuges in Asine.

16.
(Bänke)

Rote Haare, rote Haare, rote Haare
Warum muss ich lachen in der Mitte des Kartenspiels?
Warum sehe ich, Kopf gedreht,
etwas in hunderten von Meilen?

17.
(Abendlicher See)

Wir haben eine Zivilisation aus Krümeln hinterlassen. Der Wind sollte nun doch allmählich aufstehen, sich das Gesicht waschen und durch das Fenster hinaus auf's Rad steigen. Selbst die Pferde würden die Zähne zusammen beißen, würden sie mein Innerstes sehen.

Die Zwerge gehen unter Grashalmen schlafen und werden von dringenden, jungen Lieben zertreten; das Blut fließt aus ihnen wie Marmelade aus Berlinern, ansonsten ändert sich ihr Aussehen nicht.

Der Duft von Fisch am See ist schon vollständig verflogen; die Libellen wechseln in den Hangars. Es gibt keine öffentlichen Personen, nicht mal welche, die gelassen hier ihre einst bemitleidenswerten Frauen und Partner ins Wasser sinken lassen. Bootloser See. Man ist amüsiert, wenn man sieht, wie der Wind die Asche auftreibt aber den Sand darunter nicht. Sehr geschickte Tiere arbeiten im Untergrund. Die Flaschen wurden hinterlassen wie leere Eier, die Insektenkokons, Hasenkot.

Ohne Lagefeuer oder Feuer wird das Feuer gehört. Ich werde vielleicht irgendwann in den Wald gehen, über Pinienkerne treten, Tierbauten mit Blicken öffnen und schließen, die Rinde erschrecken, dass sie zu Boden fällt.

Aber jetzt reizt uns ein Grasgesicht. Und die Lampen über dem See. In den Schatten liegen unendliche Brüder. Ich werde mich wundern wie man gehen kann. Es ist in der physischen Welt allzu leicht Möglichkeit, aber im Geiste dachte ich doch, ist doch keine, schon gar nicht günstige Gelegenheit dafür.

18.
(Sommersturm)

Diese Dosen und Konserven
schneiden mich auf

Die Äpfel
reinigten noch meine Haut

Die Schirme sinken auf mich

Duftorgane wilder Tiere
welken sich im Wind, hingerichtet

Die Lehm-Asche wehenden Wälder

Der See aus dem die Leichten steigen
und in dem die Herrin des Sees sinkt,
Schlamm gebiert
und heiklen Lebenslauf
Die Mangrove entzieht
sich dem Männerherz mit ihren Spitzen

Wir leben in Stroh

Die Wolken härten aus

19.
(Meine chromatischen Wallachspuppen)

Er presste die Luft aus seinem Körper; er sah die ge-
nauen, unterscheidbaren Tage des Windes kommen.
Sich betrinken und fortjagen auf namenlosen Archipels;
Auslesen der verschiedenen Dialekte in denen aus den
Buchten Obszönitäten in die Luft gehoben wurden.
Nervenerkrankungen herbei sehnend im Anblick eines
versteinerten Baches oder eines durch Blüten und In-
sektenleiber verschütteten Teiches.

Als Pemon nach Köln zurück kam benötigte er Tage um
ein einziges menschliches Gesicht zu erkennen. Im
Dom erpresste er den Mund Lydia Maurers; zwischen
zwei Pflastersteinen aus schwarzem Diamant riss er
eine Blüte hervor und murmelte ihren Namen, der sich
so eng an die Muskulatur des Tages fügte, dass er hier-
von hingegen nicht zu trennen war. Er presste die Luft
in den Körper Lydias.
Lydia Maurer versank in allen Meeren. Im Morgen
fährt sie mit den Fingernägeln über das Haupt ihrer
Blumen. Ihr Blick streift ihren Schreibtisch entlang,
über dem sich der Ausblick auf den Atlantik entfaltet
und auf dessen Oberfläche ein versteinerter Fötus kau-
ert, dessen Gestalt im Wind gleich dem Horizont in
gleißender Hitze zu verschwimmen scheint, sich darun-
ter aber glättet. Neben dem Fötus wird der Tisch von
zwei autonomen Maschinen bewohnt, die zylindrische
Formen und vier primitive, zarte Glieder besitzen. Im

Zwielicht, das den Einbruch des Gewitters verkündet, beginnen die Maschinen zu singen; zu allen anderen Zeiten spielen sie in der Biostasis des Föten, lediglich in allzu großer Hitze scheinen auch sie zu ermüden, sowie der sanfte, hingegebene Blick der jugendlichen Hausdienerinnen sie zu lähmen scheint oder vielleicht auch in ihre Automatismen eine künstliche Behaglichkeit erzeugt; Lydia erinnert, dass ihre Größe auch auf sie eine vollkommen sättigende Wirkung hat. Lesbische Erinnerungen spinnen feuchte Fäden in die heranstreunende Luft.

Ich war geboren worden in den aufgehobenen, leise sich durch die Kinetik der Luft aufwindenden Jahren wie die Wellen, die ein Kiesel auf transparenten Gewässern zu Leben erweckt.
Ich und Wieland schnitten mit leicht eingedrückten Mienen Holunder; und das Gras. Eine Anekdote – sie drang mir einfach und, gerade deswegen, unverfälscht aus dem klebrigem Mund – hatte ihm, aus vollem Halse, das Gesicht verweht, was das meine auch hinfort drückte, winselnd, kletternd die gesalbten Halme des Widerbaches entgegen in die Wipfel, der, in abendlicher Schwemme und Überspannung des Nervengeästs, von Lüstlingen erhitzten Borken.
Lydia Maurer hat sich um einen Zementball gewickelt und sie ist so weich, dass sich auf ihrer Haut die wundersamen Laute vielfältiger Bestien kristallisieren. Eine Pelzflöte liegt auf der gesprungenen Erde vor unaussprechlich schönen Männern, denen an beiden Händen Finger fehlen.

Man vererbt seinem Kind ein Mondgesicht und, sobald das erste Sterben dem Atem entweicht, verdirbt man ihm – bewusst – in einem zeitlichen Grenzgebiet der Reife die Wendungen der Not. Man leiht ihm den Namen, nur um ihn selbst zu entreißen und betrachtet aus der Nähe wie es organische Bischöfe schändet. Am Ende unserer Zeit präsentiert sie uns eine mechanische, automatische Hand.

Im Herabsinken des Eises vermählen wir, wie Strohpuppen aufgefüllte Männer, uns. Und Pemon, ja, er war der Erste von uns, der den Hafer im Schatten der Kammer zu einem verschreckten Gesicht flocht.

20.
(Pêche Melba)

Seit jeher: wie durch einen Sumpf bewegt. Schlingfächer und die geistigen Pflanzen, eine Hausangst und ein beträchtliches Erwürgen bewegen uns.
Die Waldwege dringen mit ihrem Duft als Vorboten in die Höhle des letzten Rausches und flechten verantwortungsvoll die gedrungene Innenstadt in den giftigen Kadaver. Der Raum und die kleinen Vermissbarkeiten ziehen tief, aber sehr einfach zu verstoßen in die Substanz ein. In unseren Hälsen aus historischem Holz ziehen schwarze Seepferdchen der absoluten Emulsion, der Auflösbarkeit in den widergängerischen Prinzipien des Lichts, der Entfernung und der, durch die Nacht herbeigeführte, Variable des stetig erwarteten Abwesenden, des Nichts.

Ich kann nur sagen, dass der Sonntag, in all seiner Heiligkeit, eine reine, wenn auch nicht sinnentleerte Langeweile der Zeit ist.
An den Gewässern frieren Katzengrasraucher; sie schlagen sich Helligkeit ins Gesicht. Ihre Lippennetze legen sie heimlich in die Rücken der letzten Mandolinensänger; leicht nenne ich ihre Mütter Flügel. Aus ihren Mündern fallen warme Wermutkräuter in einer Messe dunklen Lichts. Nichts befestigt meine Sprache; einen Bart aus seichtem Plankton muss man anhaben. Mit ihren mystischen Gesichtern zerkauen sie Bratwürste, mit rituellen Gesichtern eines markanten Got-

tesdienstes. Ihre Haut ist braun, bisweilen rot, sie kennen die Hitze. Blanke Zettel. Meine Haut nennen sie Blanke Zettel. Ich ziehe blanke Zettel an. Sag ein Wort, fress mit uns.

Hungrig gehe ich in das Heimatmuseum, esse sinkende Schiffe und ordne langsam die alte Bürgerwehr neu an. Ich reiße Karten aus alten Büchern und wische mit ihnen Zeit von den aufgebahrten Tempelfragmenten. Und dann Pfirsich Melba, nun ja. Brederich Smetana für Beginnende und dann die Spucke aus matt glänzendem Kamm. Dann ein Likör, daraus vortretend: ein Schaum, der viskos ist und darin liegen Hornissen, gefolgt durch bleu montaigne avec chattes - ein meisterliches Kunstwerk, das im Munde zur Ausführung gelangt, verbunden mit den etwaigen Unglücken verzogener Tage, sozialer Defizite, etc. Nervös geworden gesagt, was wahr ist. Die Liebe an jenem jungen Herren ist sicherlich beeinträchtigt; seine Marter ist mitunter eingefasst in die himbeerweißen Schenkel und die verwundeten, hoch getragenen Kinder; ehrlich gesagt: unausstehliche. Das Sprungtuch für die erhöhteste Physik und unser aller Liebe gegenüber stumm und leer, gespannt über den Tod unserer spinnennetzenen Lippen und Kauen. Die Läuterung tritt durch den Zucker ein.

Früher oder später am Abend gleitet die Substanz aus dem Menschen. Unweigerlich wird uns bewusst, dass auch wir verstoßen worden sind, dass es tief in die tiefste Signatur unseres Daseins eingefügt ist.

In unserem Magen glänzen das Wasser, die heißen Zwiebeln, das letzte Putenfleisch und die Hälse. Der Schlaf spricht zu uns und nennt uns Mandolinensänger. Ich sage zum Schlaf Hand. Ich senke mich in sein Gefilde, Morpheus drückt meinen schmalen Schädel in seine Hand. Auf der geschlossen Hand liegt sein Mund. Erfroren setzt sich im Schlaf der Hunger, kasteit, in der widrigen, behandten Basis ab, aber zu bald nur, im neuen Spätherbst, ist dem Auge zum Neuen die Unzulänglichkeit bewiesen und die Stirnhöhle wird dann mit der Gestalt des Mundes erneut überrascht.

All das wird dann eines Tages wieder aufstaunen.

Sicher ist: das Grauen wird erneut vermählt werden.

21.
(Judith)

Im Wasserdampf gleitet ihr eine Locke auf ein Kissen aufsteigender Luft; sie rasiert sich die Oberlippe. Hier und dort wird einer wie verwandelt und sie stecken die Knöchel in die Fontäne matten Wassers. Auf dem Bett ein Fetter, der verschiedene lange, verschleierte Stoffe und goldenes Gestänge berührt; das Muster des Lakens glich dem Muster des Lebens; er reißt es für sich in Stücke und seine Augen werden zu Kindern. Eine Katze leckt ihr über die Füße, in denen sich Sehnen zu Gebäuden bilden; an der Katzenzunge kann man ihre Bildung ablesen.

Ich warte vor der Tür, mein Brustkorb zittert. Ich betrachte mich selbst in einer Armbanduhr, schließe gelegentlich die Augen und presse mein Handgelenk gegen meine soldatene Stirn.
Sie wirft schlichte Kleidung auf sich, aus der Kommode an der ein Büßer kniet und mit einem weißen Gürtel seinen Rücken züchtigt, der, so weiß sie, allerdings betäubt ist, und dass es Betrug heißt. In seinen Wimpern ist Zucker und etwas, das Most ähnelt.
Sie spreizt sich über dem WC, in das ein Dürrer Zigarettenkippen und seinen Mund leerte; sie fasst sich in das harte Haar. Die Zahnbürste ruht mit ihren Borsten am Spiegel, so dass er leicht verschmiert. Ein Lächeln kommt über diese trügerische Endlichkeit zurück und wird noch jemanden zur Bürde, wie es so oft geschieht.

Bevor sie hinauskommt, fegt sie unter der Schwelle die Phantome hinaus; die Katze dreht sich vor Schlaf.
Ich kette die Uhr vom Gelenk und schiebe sie flach in die Tasche; sie kühlt nicht.

22.
(Der Wolkenkrug)

Er schrie, er besuche den Kranken in der Arkadengasse. Bücher wurden geschrieben; ihre Blätter bewegten sich in einem Schwarm durch den Licht-durchwobenen Wind.

Die Raritäten-Händlerin betrachtete in den hinteren Geschäftsräumen ein exotisches Exemplar chinesischer Zeichenkunst auf einer Wand aus Papier; in einer, der Horizontalen folgenden Spirale, glitten goldene Wellensittiche vom Himmel, durch einen Kirschhain an den Fuß eines blau bedachten Pavillons hinab; durch ungewöhnliche Farbigkeit akzentuiert, steckten zwei zueinander gerichtete Sittiche die Klaue in das Gefieder des jeweils anderen; die Klaue des rechten Vogels, dessen Blick in Richtung des westlichen Pavillons weilte, hielt das Herz des linken fest umklammert; eine schwarze Blume schlief auf des linken Brust. Die schwarze Blume schmerzt in ihrem Geist. Dem grausamsten Detail der Zeichnung fehlte jedes Pastoral.

Laurent lehnte in der Ladentür; die Gasse entlang folgten Interessenten, doch keiner wagte einzutreten und den gedrungenen Mann zu verweisen. Laurent kühlte sich; er dachte daran, dass er zu gierig ist. Mein Darm gehört in die Hölle verbannt; es zerbricht mir den Arsch; er stöhnte und torkelte vom Schrei. Schreie sind gekommen; mit der Sohle zerknackte er einen Nashornkäfer; im Tod ermattete der Panzer. Die Wehr singt. Die Feuerwehr rülpst dem Abendhimmel entgegen. Sie wischen Schattenschnaps auf mit einem zerwühlten, schwarzen Rock. Wenn er weht am Bein; wie eine Fahne im Wind.

Das war es also, das ihm immer gefallen hat; die Frivolitäten im Schwimmbad, am Meer; die Möglichkeit zu sehen; wenn er seinen Blick auf ein Paar flüchtig entblößter Brüste richtete, sein ganzes Sein projiziert auf ein Objekt, war es Verliebtheit, die in der Seele ist. Die verspielte Lust war so stark und unbeherrschbar real, dass sie ihm die Orientierung nahm. Die Seele war in einfache Dinge verliebt gewesen.

Eines Nachts, sehr lange nach den frivolen Tagen des Schwimmbads und des Strands, fiel ihm die Seele aus dem Mund. Seine Haut verbrannte an ihr, wurde Schnee. Er legte sich auf seine Seele, presste sich mit dem Bauch auf das Bett.

„Der Scholte-Junge kann gar nicht schweigen", rief er in den Laden hinein. Die Tür sackte in das Schloss. Als wäre sie so in die Welt gesetzt. Vena verrückte ihre Gestalt, setzte sich in den Laden vor, ohne Veränderung; ihr Blick reichte nicht einmal zu ihm hin. „Ich geh' weg. Hatte das Gefühl gehabt, ich sinke in einen Traum. Meine Hände waren Papierscheine; beinahe wie ein Strauß. Ich glaube, ich habe zu viel Glück gehabt. Wenn ich allein war, daheim, habe ich getrunken und wild getanzt. Ich brauchte keine Geduld. Und jetzt auch noch du".

Venas Gesicht brannte. Er hatte zu ihr mal gesagt, dass sie einen Vogel hätte, im Kopf. Überall in ihrem Körper sind tatsächlich Vögel, dachte sie, ich bin ein Käfig für singende Farben. Der Glaube zerbricht mir die Stirn. Ist mein Hals tatsächlich so kaukasisch. Warum strecken alle, selbst die kleinen Kinder, bis unter den Scheitel noch voll mit Entropie, die Hände an meine Kehle? Mit dem Zeigefingerrücken; wie einem halslosen Vogel. Sie drehte sich um, sie wollte Laurent ansehen. Er ist kein zusammengestecktes Ding. Ein Dinggefäß, am Horizont festgewachsen; ein scheppernder Wolkenkrug

„Im Februar bist du mitgekommen zum Kranken. Der Scholte-Junge hat dich nicht darum gebeten, mit seinem Mund", ein schlüpfriger, gleitender Mund. „Ich blieb daheim. Ich rauchte eine köstliche Taman Negara-Mischung; die Malaien, die sie anbauen, nennen ihre Aufseher ‚schnelle Götter'. Sie erzählen ihnen, dass die ‚gemächlichen Götter' sie vielleicht zurechtweisen werden. Die Aufseher blinzeln nicht. Ich sackte nach wenigen Zügen zusammen und stellte mir dies im Halbtraum vor. Als ich aufwachte, fühlte ich mich durch und durch erfüllt mit Geburt, und meine Brüste sabberten Milch. Ich lief in das Bad und entblößte meinen Oberleib. Ich hielt meine Warzen in die Wanne und versiegelte den Abfluss. Sie wollten nicht aufgeben; ich blieb solange auf den Knien bis ich alles Blut in sie strömen fühlte. Ich zerschnitt mir die Vorhöfe mit einer Bartschere und rasierte meine Achseln bis sie brannten. Ich blieb eine Stunde im Bad auf dem Boden liegen; das Fenster war angelehnt, auf der Straße lachten zwei junge Frauen. Ich hörte das Geräusch ihrer Haut; sie lachten und verbreiteten glucksende Töne – Himmel, ich weiß nicht was es war. Ich ging in den Laden hinab; du kamst, verbrannt vom Licht in den Laden und sahst auf meine Brust hinab bevor in den Lagerraum liefst. Ich

ging in die Wohnung zurück und blickte in die Bade-
wanne in der nur eine klebrige Lache aus Urin klebte.
‚Der Kranke wird wahrscheinlich heute Nacht sterben‘,
hast du zu mir gesagt.“
Laurent holte einen schwarzen Flachmann aus seiner
Manteltasche auf dem eine polynesische Gottheit dar-
gestellt war; süßlicher, ätzender Kirschlikör. Seine neue
Kehle gleitet auf. „Oben weint jemand“.

Zwei Kinder springen im Krebsgang die Gasse hinab
und schlugen auf das Pflaster mit Trommelstöcken ein.
Auf der Hälfte beginnt die Gasse zu schweigen; „Als
ob jemand sie zugedeckt hätte“, denkt der Scholte-Jun-
ge am Ende der Gasse.
Ich muss mein Herz beruhigen, es wird sonst wieder
wie früher.

23.
(Offenstehende Tür)

Was für altmodisches Spielzeug unsere Kinder haben
Sie zerstören unsere Haustiere
Das auf 20%iger Größe angreifende Dragonerregiment

24.
(El Iksir)

Ihr unvergessliches Getakel
Das Salz, das sich so perfekt im Zucker verloren hat
Dass ein neues Mineral, Azoth, sich bildet

Ich liebe deinen Hund,
sein pelziges Flötenloch, seinen Finger
und der neue Saft, der in seinem Sack sich blüht

Und eine Möwe vermodert in der Luft
Welten entstehen
Ich erwarte, dass meine Schande ohne mich überlebt

Sie ist der Alchemist

25.
(Das Geräusch eines Kindes)

Der Nebel in den Hortensien
Holt die behilflichen Namen

Dein Strang rostet
Ein alter Spieler springt mit einem Schwert in den Bach

Dein Kind dreht sich durch einen fliegenden Schal,
mit einer Maske der armen Bauern
verdreht es die Laternen

Du bist dort wie die Wellen auf einem Teich
Der Geister Mannschaft kann man
die Glieder fortnehmen

Die Partisanen schlagen sich blaue Augen;
es war Umbra / ein Totensonntag,
Schabel Schwarzensee; aus geflochtenen Zöpfen:
ein Steg
Der Mond als trüge er eine rote Böschung

Man schleppt das Wasser der Blutorangen
in niedrigen Gängen; die
Zähne haben im Morgen eine Gischt;
verwaschene Familienlinien während ein ver-
faulter Vogel erstarkt

Fackeln am Wegesrand drehen dich
durch den Wald. Dein Kind versinkt und sinkt zu
Kastenien im Schlaf.

Er, am Wegesende, trägt deiner Familie
Gesichter; zieht sich Rauch zum Haar

26.
(Bekosch)

Ich kann mir denken wie sie mich betrachten; entrückt
mit den Namen der Eidechsen wartete ich auf einen
Riss von brennenden Stoff und meine sentimentale
Bulldogge - das sanfte Tier, haben sie in meiner Abwe-
senheit mit Sicherheit mit vergifteten Wurzeln gefüttert.
Meine Hände fühlten sich so heiß wie Kugelblitze an.
Wind ist im brechenden Schlamm. Es hatte nichts mit
den geplünderten Geldkassen in den Tanzschulen zu tun
oder mit Roswitha Menne, über die man nun das herz-
lose Gerücht verbreitet, sie hätte ihre Wangen nicht von
meiner Krone aus Fröschen gehoben, die ich begonnen
hatte zu tragen.
Sie haben mich hinausgeführt, weil ich nicht mehr trag-
bar war, so wenigstens die Begründung, die diese Ge-
sellschaft, die mir auf einmal wie eine Bande schlim-
mer Nazis erschien, mir nachreichte als sie Wurzel und
Ast ebnete um fahlen Schilf in meinen Haarschopf zu
binden.

Müde lehnte ich mich gegen einen verrotteten Kiosk
und trank heimlich etwas Whiskey-Cola als mir der Ge-
danke kam, Roswitha Menne, um die es ja gar nicht ge-
gangen war, müsste ich anrufen. So ein Unsinn wie der
Stadtplan könnte wieder flach werden. So eine Gewis-
senhaftigkeit wie die unserer Polizisten könnte, statt der
Form eines Seeigels, wieder zu einer ruhigen Kugel
mutieren. Sanfterer Stoff könne über den Straßenrand

aus einem gotischen Fenster hervor gleiten und unsere ehrfürchtigen Seelen blenden mit verantwortungslosem Stolz.

Ich verzehrte, ergriffen von einer leisen Regung einer irr geleiteten Hoffnung, die Haare, die ich in satten Bündeln von meinem eigenen Haupt zog und kickte einen kleinen Ball aus zusammengeknüllten Aluminium zielsicher gegen einen Ziegel in der nahe liegenden Hauswand der als einziger mit gelber Kreide angemalt war. Ich fuhr auf einen Song von Jethro Tull ab, der aus einem Radio, das nicht weit entfernt stehen konnte, kam.

Als es später Abend wurde machte ich mich schließlich zu Roswitha Menne auf; ich kühlte mich innerlich ab, denn es war möglich, dass Robert Menne - ihr ernster, elitärer Bruder - bei ihr war, der in großer Sorge darüber war, dass sie einfach nicht voranzukommen schien, was durchaus nicht ganz ungerechtfertigt war, denn auch, wenn sie sich durchaus auf gewissen Wegen voranwühlte wie jemand, der süchtig vom Graben geworden ist, so scheint sie auf anderen Wegen bereits gänzlich und fatalistisch die Richtung zum Ursprung, zum Prähistorischen, könnte man bei genauer Begutachtung sogar sagen, eingeschlagen haben.

Sie besaß einen grauen Hund gewaltiger Größe, ebenso wie ich es vor Kurzen noch tat, der, selbst an tierischen Maßstäben gemessen, unter einem bösartigen Wahnsinn litt, und ich erinnere mich gut an das, was ich dachte, als ich ihr das erste Mal in einem langen grauen Trenchcoat in der Frühe im hiesigen Wald begegnete, den ich auf den Heimweg durchquerte nach Vollendung eines Abends, an dem ich wieder einmal den Durchblick

verloren hatte, was ziemlich häufig der Fall geworden
war und vielleicht auch der Grund, warum man schließ-
lich soweit gegangen ist um mich loszuwerden. In mei-
nen Gedanken begannen die Menschen meiner Stadt –
eine ziemlich kleine natürlich, was denken sie denn –
wieder außerordentlich freundlich zu wirken, wie sie es
schier jahrelang auf mich taten, doch ich muss mich zu-
sammenreißen. Sie hatten dich gewarnt und hätten, das
war ihnen bei allen Unbill längst noch gestattet, bis an
ihr Lebensende damit fortfahren können. Stattdessen
haben sie nicht etwa nur dein Leben riskiert. Sie haben
die Seeschale über dich gelegt. Ich hab noch etwas
Durchblick beieinander und weiß, dass das auf dieser
Seite des Globus und im frühem 21. Jahrhundert wirk-
lich nicht ganz die Art und Weise sein kann diese Dinge
zu klären.
Ich weiß nicht, was ich fühlen soll; meine Glückssterne
tragen allzu krumme Narben. Roswithas Haus wird ge-
lüftet und alle Kinder fliegen zur Türe hinaus; bei so
früher Nacht hoffe ich, dass ihre Eltern nichts wahr
träumen. Ich trete zur Stube hinein da ihre Haustür of-
fen weht. Die Luft kam mir zuerst vor als sei ich in ei-
nem Mangrovensumpf gelandet, aber das war nur ein
Gespenst; man sieht den Tannenwald vom Fenster aus
und alle Bäume krachen oder eher glucksen sie trocken.
Der Ventilator bewegt sich stotternd und abgehackt
weil ich wegen einer schwachen Hand ihn nicht kurie-
ren konnte. Es riecht nach alten Reiseheften, die sie
sammelt ohne die Geduld zu haben sie zu lesen; die
Abendsonne bleicht ihre Katzen aus, denn die Jalousie
ist ebenfalls defekt und lässt sich nicht richtig schlie-
ßen. Der Boden ist voll von gefüllten Flaschen und

staubig. Die Teller sind noch nicht abgewaschen vom letzten Mal, das wir zusammen gegessen haben; hat sicher die Katzen etwas aufgefüllt, die einen verstörten Eindruck machten.

Roswitha hielt vor der Tür an; sie trug vereisten Wein; der Raureif kroch ihre Finger hoch, auf ihren Arm zu. Nadeln steckten in ihrer Gesichtshaut; der Biss eines Insektes hat die junge Mutter geschwächt. Nur deswegen überhaupt Wein, Cassis. In ihren Augen stecken noch die zweieiigen Zwillinge von zwei Männern von einigen verwirrenden Stunden auf dem Kamm. Summend karren sich die Steine hinab; ruhiger Stein. Es steht noch Fertignahrung in ihren Schränken, die mit dem Namen dessen ausgestattet ist, der eine Woche vor dem Sumpf erst als ehemaliger Assistent eines Naziarztes entlarvt wurde; weiche Flocken Brot zwischen den Zehen. Sie hatten hier zu dritt gewohnt; die beiden Väter, einer davon ganz enthaltsam, da er nicht zu ihr gehörte, sind schon vorangegangen. In größere Wände. Und nun ist jeder wütend und feist den man anblickt, weil sie als einzige nicht aus ihrem Versteck gekrabbelt kommt. Die beiden Männer haben gesplitterte Lippen aber sonst ist ihnen nichts anzumerken; vielleicht ist da auch nicht sehr viel. Die Gerüchte, die sich um die beiden ausbreiten, zumal die Kinder bei ihnen sind, existieren notwendigerweise, wenn sie auch allen lächerlich und leid sind. Einer reißt sich immer auf. Einem fehlt vielleicht gerade Spucke.

Ich stand im Flur; sie sah mich, öffnete den Cassis noch auf der Türschwelle und drückte mich in die Küche. „Willst du etwas Nazischmaus mitessen?", rief sie durch die Küche als sie auf Zehenspitzen ging um an die Regale zu reichen. Normalerweise sieht sie keine Nachrichten, hört nicht dem Radio zu. Der Wind verhedderte sich an einem Nagel und kreischte. In Roswithas Hosentasche steckte ein schweres Messer. „Robert ist verrückt geworden; du musst mit ihm reden."; „warum sollte ich das?", antwortete ich stutzig. Sie litt, das konnte ich sehen. Die Haare in ihrem Nacken winkten wie kleine Peitschen. „Weil du weißt, wie das ist." Es ist als ob sich eine Woge des Verrottens über allem zusammenstaucht. Furchtbare Nachrichten werden wässrig aus allen Gullys, aus allen Seitenstraßen geschwemmt. „Hey, was denkst du denn? Ich muss mir meinen Lebensanlass auch jeden Tag neu ausdenken", sagte ich grinsend, aber das war eigentlich keine Antwort; es gehörte nicht dazu. Blut trat in dichten Wolken hinter meine Stirn.

Wenn Robert heimkam gab es nur eine kleine Bar für ihn, die er immer um Neun angriff. Er kam auf keinem Fall früher – entgegen einer Vielzahl der in der Heimat Gebliebenen war er ganz klar kein verzweifelter Säufer, wenn man es genau nimmt war er sogar ein bisschen die Karikatur des Gegenteils eines verzweifelten Säufers, was unseren Alkoholismus nicht verherrlichen soll. Das wäre auch ziemlich dämlich, schließlich kommt man schnell bei ihm dahinter, dass es trotzdem der allgemeine Alkoholismus, der hier schlimmere Schäden anrichtet und ärgeren Kampf erfordert, als das Meer, das uns seit jeher zu vernichten seht, ist, der ihn so werden ließ, auch wenn er sich nur durch strikte Abwehr an dem Spiel beteiligte. Bis Neun waren einige Stunden zu übergehen; ich musste noch ein wenig altern um ihm gegenüber zu treten. Ich aß ein wenig bei Roswitha auch wenn das Sumpfwasser es wieder davon treiben zu schien, saugte am Cassis wie ein Säugling mit einer eingedrückten Schädeldecke und verwirrte ihre Tiere, die neben den drei Katzen und dem im Keller eingesperrten Hund auch aus einer kleineren Schar Wellensittichen und Kanarienvögeln bestand, die in ihrer Voliere im Verhältnis zu ihrer Größe mehr Platz hatten als ihre Besitzerin, im Verhältnis zu ihren üblichen Artgenossen aber recht bedächtig und ruhig waren, so dass sie zu siebt weniger Lärm erzielten, als es bei zwei zänkischen Tieren der Regelfall ist.

Die Atmosphäre dieser fast drei Stunden war überaus geborgen, als würden wir seit Jahren aufeinander hocken. Im Grunde war alles gegeben für jene Atmosphäre, für jenes Flair, auf das ich wartete nur um zu sagen, dass ich nun ruhiger sein würde. Dass ich kein Problem damit hätte, das nichts mehr geht. Stattdessen aber fühlte ich, völlig aus dem Nichts heran treibend, das Böse, das Verkommene. Selbst das Schlimmste, das ich mir ausmalte, reichte nicht um zu erklären, aus welcher Daseinshülle dieses Erschrecken hervor kroch. Vielleicht erkannte ich einfach etwas wieder. Eventuell war es so ein geheimer Gedanke wie: das hätte ich nicht gebraucht, wenn ich mich einfach tiefer in den Sumpf verkrochen hätte. Auf der anderen Seite hatte ich nicht einmal meine sentimentale Bulldogge vermisst, seitdem ich mich aus dem zähen Wasser gezogen habe.

Ich ging um kurz vor Neun los; Roswitha hatte noch ein trockenes Hemd für mich. Man konnte mich immerhin ansehen. Das war gut. Ich folgte der Holstergasse und sah viele Fernseher laufen. Durch die Fenster. Das

Licht in Stuben wirkt von Außen immer alt. Mein Eindruck. Was weiß ich? Ich bin nicht mehr jung, aber auch nicht alt, „too old to Rock n Roll, too young to die" gewissermaßen. Was mich schwerfällig macht ist mein Hang zu Gewohnheiten; ich hatte immer Angst etwas anzupacken, das ich noch nicht beherrschte. Selbst meine Eltern sagen, dass sie in Anbetracht meines jetzigen Lebens sich wundern, dass ich überhaupt das artgerechte Scheißen erlernt hatte.

Es hat Jahre gebraucht, die Holstergasse zu benutzen. Robert Menne war mit seiner Nichte da. Ich weigerte mich, ihren Namen zu nennen. Er trank Meereswasser. Ich bestellte mir unvorsichtig Weißwein, um ihn aber noch zu verwirren, bestand ich auf Pinot Grigio. „Schon gut, Bekosch. Ich bin verrückt, ich verachte dich nicht mehr." „Wie bist du verrückt geworden?" Die Kleine spielte ein Spiel, dass ich nicht so ganz verfolgen konnte, denn es war schnell, sehr schnell. Es hatte etwas Gefährliches. Robert war sehr klagend in seiner Stimme. „Ach, ich weiß nicht. Erst war ich einfach deprimiert – völlig ohne Anlass. Die Kinder sind sechs und neun, gute Alter, denke ich, die Ehe läuft, beruflich bin ich gerade etwas nach oben hin und Routine gibt's auch noch keine. Keine schlechte, mein ich, du verstehst? Ich bin nicht einmal reich. Ich könnte dich stundenlang voll quatschen mit den Umständen, aber die Umstände sind es nicht. Es ist ein Unglück, ein geistiger Unfall. Ich werde nicht normal verrückt, wie jeder andere." „Kannst du mal eben rausgehen?", sagte ich zu dem Wirt und es machte ihm kein Problem, da wir die einzigen Kunden waren. „Es sind Monstren, Beschok, furchtbare Monster." Robert kippte seinen Kopf schmerzvoll zurück und in seinem offenen Mund ließ er die Zähne zusammenfallen. Die Kleine behielt ich im Augenwinkel all die Zeit, aber, obwohl ich nicht anzweifelte, dass sie das ganze Geseibel mithören müsste, schien sie nicht eine Sekunde aus ihrem Spiel hinauszugehen. Sie spielte auch jetzt und drückte sich hinter den Onkel. „Du musst …", sagte ich und die Kleine spielte an seiner blanken Kehle.

Er gurgelte, und zuerst war ich konsterniert, weil es seiner tatsächlichen Bematschtheit entspringen konnte, dann war ich amüsiert, dass er mitspielte. Dann spritzte Blut aus seinem Hals und ein Stück öffnete sich, als würde ein dünner, lippenloser Mund sich dort auftun. Ich wollte mich ihm keinen einzigen Zentimeter nähern, aber ich glaube nicht, dass es wirklich was gebracht hätte. Wissen tat ich es nicht. Es war nicht an sich effektvoll und schon gar nicht schnell. Er gurgelte, spuckte und klang wie eine Ente. Das Blut spritzte nur kurz stark, dann war es ein langsames Ausbluten und er litt jede einzelne Sekunde. Wenn es so lange dauert, so stellt man sich selbst vor, findet man sich mit seinem Ende ab, aber ganz gleich davon, dass es nur das selbstgefällige aber sichere Denken von einigen aber nicht aller war, soll man das erst einmal nachmachen. Robert Menne auf jeden Fall hatte Zeit sich vorwurfsvoll wenn auch keinesfalls mit kontrolliertem Gesicht zu seiner Nichte zu wenden, die einfach weiter spielte. Ich erkannte es nicht richtig, aber war es nicht ein beschissenes Teppichmesser bei ihr? Nein, da schien nichts zu sein. Oder sie kannte Taschenspielertricks. Ich konnte weder Robert, der nun zuckend auf dem Boden landete und sich selbst anpisste, genauso wie auch ich in diesem Moment, noch sie, die alsbald einfach zur Türe hinaus verschwand, aufhalten.

Als Robert Menne gänzlich erschlafft war, wusste ich, dass es kein Sinn mehr hatte. Niemand wäre gegen den Todeskampf gegen angekommen, nicht einmal wenn die Sehnsucht nicht schon vorher gänzlich aus Robert Mennes Blick gewichen gewesen wäre. Das letzte Licht vom Mond und die allmählich ins Verstummen geratenden Vogelgesänge waren sein Todeswagen; sein Wagen zu den Sternen, wie man hier, zugegeben leicht altertümlich, aber dennoch recht schön sagt. Ich fragte mich ob das, was er zuletzt sah, so war als ob man aus dem Inneren des Sumpfes heraus Irrlichter aufisst. Ich fragte mich auch, ob der Geruch eines toten Mannes wirklich so ähnlich sein kann, wie der des Sumpfes, in dem allerhand Scheiden aus dem Leben geschieht.

Ich torkelte nach draußen um nach dem Wirt zu sehen, aber ich fand nur seine Klamotten im Hof bei einer Laterne, die auch sehr altertümlich war; das Gesicht eines Sterns. Und auf einmal erlitt ich ein Déjàvu beim Anblick der blumigen Matratze, die direkt vor mir und mitten auf dem Hof lag. Lust kroch über mich als ich sie sah. Ich kniete mich zu ihr und roch daran, suchte auf ihr, wobei ich die Spuren lange getrockneten Spermas entdeckte. Langes, von vielfachem Grauen erfülltes Gelage im späten Frühlingserbeben. Irgendjemand hat Jovanke mitgebracht, der gute Zeiten, die uns gar nicht zugehörig waren, in uns aufleben ließ. Ich war mit schwerem Schlag berührt von einem Wein, den ich nicht kannte und hab ziemlich warme Anwandlungen davon bekommen; ich erinnere mich schwach an Gesichter, reich an Fleisch, denen, auf jeden Fall an diesem Abend, nichts schlimmer erschien als das Ungetüm, dessen Form ich in einer Verwandlung unter Alkohol, der einen immer in ehrliche Gehabe zurückrollen lassen soll, angenommen hatte: ein alternder Schwuler. Alternd bedeutete in diesem Fall, dass ich zu jung war, dass es als Altersnarrheit gelten wollte, aber der Jugend zu weit entwachsen, um es als juveniles Versuchsprojekt umzubeten. Wie angesichts des Faktes, dass Menschen in Sümpfe geschoben werden, offenbar wird, ist unsere Stadt unter sehr viel Alter gelagert. Homosexuell zu sein, und vielleicht auch ein wenig promisk zu sein, gerade weil man damit selten einfach rausrücken kann, geschweige denn stillschweigend hoffen kann, einen Gleichgesinnten zu finden, reicht allerdings niemals aus, um versenkt zu werden.

Ich erinnere mich dunkel, dass ich mich an Roswitha soll gerichtet haben, die es schon allzu lange wusste, dass sie mir behilflich ist. Aber in ihr war kein Wort. Ich nahm mir eine Bierflasche. Ich wusste nicht, was ich dem Toten sagen sollte. Ich war mir nicht sicher, was alles passiert war; irgendwann am Abend muss ich hinten gewesen sein und habe in der Luft gefickt; aus schlimmer, betrunkener Angst. Also sollte man mir das wegen etwas Obszönität angetan haben, dann weiß ich nicht. Natürlich geht nicht immer alles durch, was sonst durchgehen würde, schließlich kann ein Mensch die Beleidigung an seinem Wesen zu stark empfinden, aber es muss mehr als einer gewesen sein bei dem Brocken, der ich geworden bin in den letzten, wenigen Jahren.

Ich grinste durch die Nacht, trat Kronkorken vor mir herum, klaute einen Ziegelstein und ging ab und zu mit nackten Sohlen auf dem Stein. Felsen, die in Angst wimmerten, Behaglichkeit, die heranwehte, fehlender Witz, umnächtigte Aktionen. Und ich frage mich: warum bin ich nicht mehr so ganz jung? Warum bin ich immer bei allem dabei gewesen, aber nie wollte jemand meinen Namen haben? Ein verkappter Homosexueller zu sein, hatte nie was damit zu tun gehabt – natürlich würden sie dies nun zu gerne glauben, jetzt schon mal in meinen Grabstein schießen. Sie hätten mir ruhig, als offensichtlich für viele schon das Ende der Fahnenstange für mich erreicht war, einen Spitznamen geben können, ich habe darauf gewartet, doch nun kommt nur noch Zweifelhaftes und Klischées dabei heraus.

Das Wasser ist fair, dachte ich und legte mich ein paar Stunden in den Sumpf. Ich musste etwas nachdenken. Moskitos mühten sich den Arsch ab um von Harz umschlossen zu werden, Mückenlarven röchelten, Hunde mit verknotetem Fell fraßen tote Wasservögel. Ihr Atem stank wie die Hölle, Irrlichter machen sich an der Grenze der Sicht davon, unten wird das Gras wild; der Mond zerbricht an der Nacht, das Holz grübelt. Nichts macht sich die Mühe mich aufzufressen, zu leben oder zu sterben. Nichts käme auf die Idee um sein Dasein zu beten oder auch nur artig zu bleiben. Für allen Besitz der Welt, würde sich nichts auch nur vom niederträchtigsten Würgen, Zerbrechen oder Aufspießen trennen. Nichts hebt sich gegen die eigene Folter des Daseins. Ich verschlief ein wenig im Sumpf. Einfach nicht zu fassen, dass sie meine Bulldogge mit vergifteten Wurzeln gefüttert haben. Ich glaube sie hat mich denunziert, hat mich verraten auf irgendeine Weise. Die Wurzeln sind von meinem Gift so geworden, dass ich da unten produziert hatte. Sekunden später stand ich vielleicht bei Roswitha in der Tür; ihre Hand fiel nach unten, fast bis unter die Dielen hindurch. Kurz danach stand ich in der Türschwelle zwischen Kneipe und Innenhof. Ich kotzte den ganzen Sumpf hinein und alles wird zur Vordertür rausgeschwemmt. Es kommt nur bis zum nächst besten Gully. Sekunden später war ich wieder bei Roswitha. Mein schlappes Herz liegt im Vogelkäfig. „Wie hältst du das die ganze Zeit durch, Beschock?". „Hey, was denkst du denn? Ich muss mir meinen Lebensanlass auch jeden Tag neu ausdenken". An einem anderen Tag sagt sie: „Wie wäre es, wenn es ewig so weiterginge?" Ich fragte mich ob das, was ich zuletzt sah, so war, als ob man aus dem Inneren des Sumpfes heraus Irrlichter aufisst. „Hmm", sagte ich. Geht so.

27.
(Pressur)

Das Geld ist gestrandet;
Martyrien zerstreiten sich zur Stirne;
die puristischen Nächte
FKK-Touristen mit geöffneten Adern
Schlamm aus den Herbstdepressionen
Gemeuchelte Piscines –
Menschenhäute als erschlaffte Würfelquallen
Auroren der Pornographie

Blut, gerade wie Quark wirkend
Zwilling, gerade dem Bolzen gleich
erfundene Jugend, die zurückbringt
alle vergessenen Gesetze und Brüche

Bits aus niedergeschriebenem Obst
Ferne Zweifel am Wiedererwachen
Geschichte in einem Dutt codiert

Tragische Lebewesen

Menschen vernetzter Lasten

Metasport

28.
(Schwimmer)

Blasses Fleisch im, vom Himmel gefallenem,
Azur
Vulgär brennt die Sonne   Schürfwunden,
die wie Puppen aufglitten
Unter Gelb schmeckt alles nach Gift,
[da war das Platinenherz]
Die Schräge hat Silber am Kurtisanenrock
Hand   Dies ist nasses Wasser
[das Vaterherz, Fleischherz]
Eine Maschine mit kreischendem Oval an eine
Linde genagelt

Da sind Körper:
einige mit Fett umhangen,   [dort [dort
man kann den Finger einige Zentimeter in das
Fleisch pressen
Da sind Körper   [dort
einige muskulös, adonisch ausgehöhlt,
sie stellen sich mit schwarzem Insekt aus
[*dort der -*
Schwimmer!]

[endlich, endlich, endlich]
All diese verschwommene weiße Masse
wird in einen türkisen Tiegel geworfen
Oh „Wolkenherz"   !
„Der Lamienbusen"   !

„Attrapisches Scheeherz"   !

Da steigt das dunkelblaue All an die Oberfläche
Unendliche Schwärzen, Sterne in den Haaren

KAPITEL 3
DER AGAVEN-ENGEL

29.
(Mr. Mouse)

Eine Gruppe Rafdahrer, mit immer zu sehenden
Geschlecht
Ich mache eine Mücke und setze sie in den Abend
Sie fängt allein an zu fliegen

Zu fliegen fängt sie von allein an
Schornstein, Wellenbrand, Gracht und schön

30.
(Plötzlicher Markt)

Man nimmt das Kartell des Hafens vom
Angesehenwerden, vom Gesicht

Die herb duftenden Laubgruppen rauschen durch,
zu sich selbst zu großer Ferne
und zu großer Weite fernend

Ein versunkenes, leichtes Ballspiel misslingt
Und alle Hände dringen
zu einem Netz zueinander

31.
(Salz)

Nach diesem Kaffee werden wir Fußballspielen gehen
An der Straßenecke gehen hundert Möpse spazieren
Meine Hand streckt sich nach deiner Säule aus

32.
(Honey / 18. Jahrhundert)

Der Arzt schreit
Die lachenden Kinder
Die Wanderschatten eines Geparden

33.
(Die Hülle des Diebes)

Er legte sich unter die Lampe und von da an ähnelte er in seiner Erscheinung vollkommen Trent Reznor. Ich nenne ihn sogar Trent. Ich drücke sein Knie flach; er versucht zu rülpsen. Die Streifen auf seinem Pulli drehen sich um neunzig Grad. Es ist sehr windig. Ich blinzele aus dem Fenster in den gelben Häuserhof. Ich suche Melanie, die eigentlich immer aufrecht an ihrer Küchenheke steht; nur kurz bevor sie einen Anfall bekommt, legt sie sich auf den Küchenboden. Wenn man sie nicht sieht, ist sie auf Toilette oder hat einen Anfall. Natürlich würde ich lieber in das Bad sehen können…
Trent sagt: „die Schweine". Ich heuchelte stille Zuneigung. Eigentlich waren es gute und ehrliche Menschen, die sich gegen ihn verschworen hatten. Er war zum Schwein geworden. Aber ich habe nicht darauf geachtet. Gesehen zwar, aber nicht direkt angeguckt, im Halbdunkel dort.

Irgendwo scheint jemand vor seinem Fenster zu beten, aber ich bin mir nicht sicher ob ich das wirklich höre oder ob ich es wirklich schmecke. Gottes Psalme, die wie Fett auf der Zunge knistern. Ich wünschte, Gott würde kommen und mir Worte in den Mund legen, denn ich habe dort nie die Worte; sie kommen durch den Mund hindurch, das ist alles. Das ist alles im Leben meines Mundes. Melanies Anfälle sind ihren eigenen

Namen entsprungen. Der medizinische Code, ihr geheimer Name war ihre Schale.
Sie sagen, sie haben diese Häuser um die Schale des Diebes herum gebaut. Aber er hat sie längst verlassen, er, der sogenannte königliche Dieb.

„Ich bin ein Schwein", sagt Trent. „Na endlich", sage ich und klopfe ihn. Als ich die Hand wieder zu mir zurückgeholt habe, ist er noch da. Ich hab auf einmal das Gefühl, dass eine riesige Wespe in meinem Zimmer sitzt, wie ein Mensch. Sie wechselt den Platz. Meinen Stuhl, das Sofa, ein leerer Stuhl dazwischen. Er wechselt so oft, dass ich nie werde mit einer der Situationen abschließen können.

Über Melanies Küchenfenster klebt ein Kasten. Er hockt an der gelben Fassade wie ein Frosch auf ebener Erde. Manchmal verschiebt er sich, über ihr anderes Fenster hin. Ich frage mich, ob sie dann dort lieber wäre. Aber sie will eigentlich nichts. Sie hat ihr Verlangen verlegt.

„Wie komme ich da jetzt raus", sagt Trent, „wie komm ich da jetzt nur raus?".
Unten standen Tulpen. Die Schale hat der Dieb des Königs da gelassen. Sie ist keine Spur, sie ist nur, wo er lange gewartet hatte.

Ein einziges Mal habe ich Melanie beim Verlassen gesehen; sie hatte sich um 180 Grad gedreht und verließ die Küchen und ich sah ihren nackten Unterkörper. Nur von hinten. Ich habe sie nicht wieder reinkommen, ihr wahres Ich gesehen. Es war ein windiger Tag und das Glas drohte aus dem Rahmen zu springen. Die Scheibe wäre einfach an der Wand explodiert. Und ein Gesicht wäre wie ein Blatt Papier zerrissen.

„Ich sollte mich aus allen Möglichkeiten herausziehen", sagte Trent. Er lernt zwei neue Menschen kennen, jedes mal wenn er versucht sich von einem zu lösen. „Du solltest nach San Marino, El Salvador oder so gehen", sagte ich. Er lächelte, aber einzelne Gelenke von ihm schienen einfach dahin zu schmelzen. Ein saures Kirchgelée auf das Brot meines Sofas geschmiert.

Ein einfaches, ungemustertes, kugelförmiges Objekt, in Mitten des Hofes, der Wärme keines Sommers, meines vollendeten Albtraums.

34.
(Die hypnagogischen Bilder)

Er rasierte sich die Koteletten.
Keine verschwimmenden Figuren; die Luft war frei.
Er sah seine Arme entlang; die Haare waren hell und
wirkten so wie ein zarter Flaum. Parfümierte Haut, wo-
möglich von langen Jahren, bestimmten Jahren. Ein
Fisch aus Zeit nur.
Das Wasser des Sommers schmerzt im Gesicht; es
fischt undurchsichtige, begrabene Dinge; schwemmt
die Gefilde der Jugend auf. Jemand hat ihn angesehen
unter einer blendenden Sonne. Was er sah, grub er auf.
Noch nie so wenig Mühe in einem einzigen Blick gese-
hen; die Pupille war nicht einen Hauch getrübt; das
Auge wirkte klarer durch seine Schicht. Er fiel, als er
derart angeblickt wurde. Der junge Mann mit den Kote-
letten hatte das Gefühl, dass etwas Schlimmes an ihm
gewesen wäre, doch er wusste nicht was. Es besann
sich auf die anderen Gestalten, die ihm entgegen ka-
men; Frauen mit goldenen Nägeln in italienischen Ko-
stümen, die sehr ausgebrannt waren im Blick, junge
Studenten mit, aus reinem Leichtmut gebrochenen Kni-
en, die umständlich um Kommilitonen warben, lang-
weiligen Kindern, fliegende sowie schreiende Puppen
aus Haferblatt. Propheten stopften sich den verkünden-
den Mund, schwimmende Hunde, singendes Glas mit
Zähnen, erregte Paguren, Bäume, die in Stücke bra-
chen, Köpfe, die nur singen können, deren Leiber in an-
deren Welten tauchten.

Zerschnitt sich sein Gesicht. Er berührte die Stelle. Nach der Klinge war das Gesicht makellos.

Er fummelte im Schränkchen nach einer Zigarillo-Dose und Streichhölzern; er berührte den Lichtschalter und entfachte die Feuer. Durch das Milchglasfenster fiel das späte Licht des Sommers und dessen Phantasmagorie, das Trugbild des Überlebens. Sein Körper erkannte das brennende Blatt nicht, daher belebte es ihn; das Herz war so laut, dass er sich nicht zu rühren traute. Er schwieg; wagte nicht zu seinem Spiegelbild zu sprechen. Komplizierte Figuren im Schädel, sich stetig verzerrende Monstren, zu eilig, um nur auch eine von ihnen zu fassen zu kriegen. Man weiß, sie kommen wann immer man im Dunkel die Augen schließt. Man wagt nicht mehr zu träumen.

Er fasst sich an den Bauch; über den Nabel; ist ein erotisches Ding, umspielt genauso die Geburt. Hat trotzdem weniger vegetarische Namen. Er hat einmal das Haar einer alten Frau voller Frucht gesehen, das war entsetzlich für ihn gewesen, damals. Die Hand liegt an seinem Bauch als würde sie ruhen. Ein Versprechen aus Gras. Tragen der europäischen Goldblume.

Mach keine Versprechen, die du nicht halten kannst, sagen sie; es ist aber auch gefährlich ein Versprechen zu geben, das allzu leicht zu halten ist. Wenn es Selbstvergeltung ist.

35.
(Exil)

Die Kreuze vernarbt; unwissend ist der Abend. Das Kind hebt die Hand, verbietet, streichelt. Ein Mund, ein Opal der Ironie verklebt, verharzt Element um Element des Raums. Auf dass die Pforten des Paradieses ein Spalt weit wieder geöffnet sind.

Versinkende Welt, endlich alles nautisch! Gegenüber der Idee der Kuppel; aus Diamant und Blut, das dem Bauch entweicht.

Ich dringe voran, Stein zu Stein. In der Kühle muss ich meinen Verstand vor Vernunft bewahren. Eine Kapelle der, von falscher Intelligenz befreiten Wahrhaftigkeit; zu beiden Seiten verrottetes, zersplittertes Holz zu Säulen, hinweichend zum organischen Palast des Midas. Sonne und Mond sind verstorben, die Idee der Kuppel nicht mehr als ein Geheimnis hinter lehmiger Wache. Wo nichts als die Finsternis ist und geheimes Leben. Nichts als Unglaube und bestialische Schönheit. Wo die Tempeldienerinnen ihr Fleisch verzehren.

Nichts aber weiß der Abend, im leeren Magen wird der Mittag; die schöne Selbstentrückung erstirbt und wechselt seine Gestalt; die blitzenden Möwen setzen auf die Erde, die Felsen ab, wo sie nicht schlingern können im Flug. Eine Tempeldienerin tritt vor den Palast. Mero bindet Buchschweine unter dem Himmel und weint.

Mero fertigt Vintage Prints, während sie in goldenen Meeren watet und Knochen im Stein zur Geburt verhilft. Aus den Schakalen tupft das Lied; ihre Pfoten beben, ein Katarakt beginnt. In meiner Hand schwenke ich ein Klappmesser verkehrt; erst wenn ich blute bemerke ich, dass die Klinge tiefer als das Holz. Ich bohre den Griff in das Dienerinnenfleisch; die kleine, süße Misshandlung ist tiefer, aber leichter als Liebe. Die Musik ist geteilt, wir eilen zurück bis wir zum Fellatio sanctus gelangen.

Ich sage zu ihr, Sonnen zerbrechen, Monde sind schon verschluckt worden und ein Leben, ein schmutziger Strahl aus Blut. Mero redet von Liebe, ich hingegen meide es das Wort überhaupt zum Munde zu führen. Nur in nackt verschluckt; gestern noch beim Wandeln bei den Schaufensterpuppen der Metaphysique-Blanc entlang, mit wenig mehr als einer grausamen, plötzlichen biologischen Kräftigung und leise in die Totenköpfe gepinkelt bei verglasten Gassen. Mit nichts anderem als dem kindlichen Matthäus („Bis zum Ende aller Zeiten"!), auf die Rückseite meiner linken Hand gekritzelt, die ich noch nie sehen mochte. Die Farbe meiner Hände ist Grau.

Und es sind aber die Pyramiden alle ein Stück verschoben, über den Gräbern. Die Beine der Möwen sinken ins Watt; die Irrtümer schief unter die Wirbelsäule und in die benähten Lippenhäute geschoben; die Kantoren trauen sich nicht mehr aus ihren Booten, sie errichten dort eine schöne, stille Heimat um sich darin zu erleichtern, und die Küken kitzelten ihnen die Füße mit ihren orange gefärbten Schnäbeln.

Das Holz zerberstet, die Klinge dringt glatt durch die Hand. Jetzt bettet sie mich nieder und singt vom schönen Jüngling mit den zerbrochenen Augen. Ein Jahr muss ich das Bett beschweren, zu ranzigem Obst im Morgentauen die Masturbation, gründlich, betreiben. Ich sehe vorbeiziehen nichts als die bunt gefärbten Tücher in den Rucksäcken von Fremden. Jammernd gehen die Narren mit einem Kind in ihren Taschen an die Straßen, der Gauklerwagon gibt alte Vögel frei.

Jeden Morgen zieht Mero hinaus und stößt die Vintage Prints in die Tiefsee; in der Kehle der verrückten Frau wohnt die Brasse. Jeden Morgen schneidet sich die entweihte Tempeldienerin eine Schwanzflosse der Brasse aus dem Mund und nährt mich an den Rand des Todes.

Irgendwann berstet der heilige Sonntag aus dem wunderbaren Schlamm.

Dort sitzt eine Tempeldienerin vor mir. Sachlich verfertigt sie blutgierige Geburt, vorgeführt mit dem finsteren Steiß der Wulstung auf einem orangefarbenen Bastsessel. Sie lässt mir das Kind liegen, dass ich aus meinem ebenso sehr wellenden, nun unablässig hervorstoßenden Blut füttere.
Ich erziehe es. Ich erziehe es mit Schuld. Es ist ein Sohn, er füttert mich mit Teilen der Brasse. Ich erziehe ihn. Ich sage ihm gelegentlich, ich will dich lehren Blut zu spülen in die Welt, ja, sie zu ertränken in Blut, wenn du einmal voll Liebe bist. Ich erzähle ihm auch wie

man stiehlt. Ich zeige ihm, wie man würdelos ist, wie man sich gewählt ausdrückt und wie man beleidigt. Ich weiß nicht, wie lange ich ihm dieses und jenes erkläre und zeige, so gut ich es aus meiner Liege heraus weiß. Er wächst schnell und er erscheint kräftig, doch seine fehlende Grausamkeit ist bedrückend. Ich verhöre ihn, erzähle ihm dafür bis in das genaueste Detail in welchen Momenten und wo Mero verletzbar ist. Eines Tages bringt er mir einen jungen Hund und mir wird klar, dass mein Sohn aus eigenem Anreiz sich zu nichts anderem erbaut hat als einem Schwachsinnigen. Ich sage, Gelegenheit. Mein Sohn saugt dem Hund die Schnauze, fängt mit den kleinen Fingern die Zunge.

Deine Gelegenheit, Sohn. Ich habe die Aufmerksamkeit meines verdummten Kindes. Kann ein Hund von Blut leben, frage ich meinen Sohn. Kann ein Hund Blut speisen gleich einem Camembert. Können Tiere sich selbst durchkreuzen. Kann ein Tier sich selbst durchbohren.
Mein Sohn wird schwach, aber ich belehre ihn. Nein, fange auch beim ersten an, ergeile nicht du dummes Obst. Mein Sohn wirft den Hund auf die dreckigen Dielen, worauf das kleine Wesen aufjault. Ich ergreife es noch während seines Aufschreis im Nacken und so drücke ich ihn in mein Blut bis sein Körper erschlafft. Alles Leben entweicht aus den dummen Augen meines Sohns; ich habe ihn nie wieder gesehen, auch, wusste ich, würde Mero nicht mehr erscheinen um mich mit den Schwanzflossen der Brasse zu nähren. Ich umkralle den kalten Körper des jungen Hundes und drücke ihn sacht in die Wölbung zwischen mir und der Wand. Lan-

ge liege ich da; gelegentlich untersuche ich das Mündel, untersuche seinen Mund, hoffe auf nichts weiteres, als ein Stück der Brasse, durchsetzt mit caninen, dicken Speichel, erkunde mit meinem Hals soweit es reicht den Hals des Tiers, stundenlang. Fliegen kamen, die Fliegen waren voller Natur. Lange fächere ich sie vom Leib des Hundes, teils von meinem, schließlich aber, in einem Moment reinen Glückes, erwische ich eine mit den Fingern, dass sie fest darin sitzt.

Ich studierte die Fliege, das kleine schwarze Ding ohne Licht; nur eine Reflektion. Ich studiere den Hund. Ich lege ihm leise eine Fliege in den Mund.

Sein Bellen schallt.

Ich sage ihm, dass ich gesund gepflegt worden bin; es sind schlechte Pfleger mit kaum bemerkenswerten Seelen, aber ich bin durch Pflege gesund geworden. Ich schultere ihn, der Geruch von Walnüssen kam auf. An jeweils zwei Beinen zweier Stühle binde ich die Ecken eines weißen Tuches fest. Ich beuge mich darüber und aus meinem Mund, über die Zunge rinnt zunächst dickes, dann immer geringer und dünn Blut, rot leuchtendes Blut. Rot wie das Herbstlaub, rot wie katalonische Erde. Ich denke an fette Brassen. Das Tuch wölbt sich, nicht ein Tropfen sickert hindurch.

Mero flechtet Knochen und steckt bis zu den aufgerissenen Knien im goldenen Schlamm der Ebbe. Eines Tages, denke ich, wirst du zwar nicht regelrecht betrogen, du wirst bloß gebeten dir die Gesichter zu ändern, das leichtere Kleid mit der Haut hochzuziehen und die Schwerter in Amerika zu lassen, die Mandolinen über die Kanten brechen und mit dem Morgen zu verschwinden. Ich habe dir ein Kind aus Holz gemacht, ist das nichts? Ach, komm noch einmal, so muss der schwarze Rost des Himmels zu riechen sein, Meru. Und gut ist es auf Zahnfleisch zu liegen, den Atem eines Pferdes nieder laufen zu lassen. Weißt du, im Sand legen wir unsere Ohren in sie und lassen sie ziehen. Mit dem Sand halten wir unsere Zelte fest wie öliges Fleisch, ja. Nur einmal gebeten, nicht weiter. Über die Götter zu steigen, etwas sehr beherzt grausam es auf sie herabregnen zu lassen, die großen, aber hauchdünnen Umspanner, in Ordnung. Ich werde nicht nach drüben in Frieden gehen können, aber mich vom Anblick sacht und allmählich dahin ziehen lassen dürfen, oder? Sieh nach drüben, sie erwarten mich unter ihnen, Paläste des Midas, Chimären.

36.
(Heuschreckenschwärme verdunkeln die Sonne)

Ich ziehe mich auf Wassern an.
Die Asphodelien schlucken bösartig.
Ich gehe auf zerknitterten Meilen.
Ich bin irgendjemandes Bräutigam.

Aus Kakteenblüten sauge ich alles Pistaziengrün.
Meinen Anzug stelle ich wie Hephaistos in verlassenen
Bergschmieden her.
Ich verirre mich in meiner Hand.
Eine Stunde glänzt mich. Ein Abend betrinkt mich.

Ein Herzblatt wird abgeknickt.
Ich rauche Erdbeertabak und esse Gurken während ich
warte.
Ich bin irgendjemandes Liebchen.

Abends kann ich in die Ferne sehen.
Rohrdommeln kriechen unter bespritzte Tischtücher.
Auf mich kann ich mich verlassen.
Immer fehle ich jemandem,
an so zarte Bande geknüpft.

37.
**(Etwas was unter verkrebsten Bäumen gesagt
wurde)**

Du wälzt mich zu Stunden
Haar um Haar möchte ich mich dir entziehn
Und dein asiatisches Haus verstumme
und lang vom Turm mich werfe

Und die Korallene, die will ich
und das Bärenauge, den Bien
und den Stock

Mich will ich doch Stunde zur Stunde falten
und mein Maki-Wässerchen kühlen

38.
(Ricardo)

Erfahren, mein Kopf mit einem Korb umgeben,
lächle ich
Ein braun geflecktes Gesicht. Hundert Zigaretten breit.
Sie begegnet mir hierfür scharlachrot und
Kanaster

39.
(Bossa Nova)

Das Cordeille war die Idee Perdrags. Das Meer legt an, originär zu dem Dunkel. Aufgelesen zwischen dem Fort, dem Vollmond und seiner Reflexion im erkalteten Fleisch gehäuteten Mittelmeers.

Das Meer stürzt in den Schädel; Meeresleben füllt meinen Bauch; das Gefühl in mir ist ein riesiges, ungestaltes Tier zwischen der Unbesetztheit der Höhe und jener der Tiefe. Mir war, als riebe sich in kleinen, organischen Parzellen der Kalk in seinen inneren Struktur aneinander, als wanderte irgendwas, einem Energiestrom, einer Erschütterung gleich, darin umher und es reiche her von etwas Lebendigem, aber als ein solches ein sehr viel intelligenter und weiter gespanntes Ganzes aus Komponenten; kleine Lebensformen, die selbst miteinander zu Organen zusammen gesponnen waren, ein einziger harmonischer Zusammenklang, der in jener Sekunde, nur in jener einzigen Fuge, bevor ich Perdrag sich der Brandungsfestung nähern gewahr wurde, Gestalt annahm.

Das war alles woran ich mich erinnerte. Nichts wird je fertig werden, Perdrag, sagte ich, schon gar nicht ausgerechnet heute Nacht, zuckte die Schultern und folgte ihm die Balustrade hinunter.

Am zurückgezogenen Strand und der Tanzbühne schlief unbekümmert der Dreck. Ich war jetzt seit einer Woche hier und hatte nicht ein einziges Mal jemanden aufspielen sehen; drei Tage zuvor, in einer nächtlichen Aktion, hatten die Arbeiter aus dem direkt an die Bühne an-schließenden Café über den Bühnenhintergrund aus Stoff das Bild einer Laute ausgegossen, ohne dass dies etwa eine Beschwörungsformel gewesen wäre. Buegos, einer der älteren Bedienungen und gleichzeitig gewis-sermaßen der Wirt, hat vor fünf Tagen den ersten Kaf-fee seines Lebens getrunken, verriet mir Julena, und er musste feststellen, dass der Kaffee, den er seit zehn Jahren kocht, der beste ist, den es gibt. Sie meinte dazu, ich bräuchte nichts sagen, sie dachte dasselbe, aber der Teufel hatte leider recht, und das eventuell auch noch, ohne eine Ahnung davon zu haben; Julena verriet es mir, als sie mir heute trotz Gelöbnis, es nie wieder zu tun, zum zweiten Male eine Kanne während der Siesta aufbrühte, was nicht unwesentlich damit zusammen-hing, dass ihr während der Arbeitszeit das Rauchen ver-boten war.

Sie schüttete die gerade mal halbverbrannten Kippen vor der Bühne auf. Julena hat von Natur aus eine Gän-sehaut. Sie hüllt sich vermutlich förmlich in ihre Haut; sie sagt immer, nach der Arbeit wird sie wie ein wenig wie Stein; ich hingegen werde nur müde und kaue Schalentiere, die Fühler hängen mir noch aus dem Mund. Zudem, ja, folge ich Perdrag durch den späten Abend und seinem kindlichen Gemüt, während die Ge-zeiten des Raums über unseren Köpfen wie Kar-kass-trinkende Wassermücken tanzen.

Ich folge ihm durch einen Hotelzugang wie eine grüne Verderbnis, seine braunen Glieder kollabierten unter dem dunklen Wurf. Langusten mit gestärkten Hemden, zerdrückten Cordjacken und Bossa Nova in der Schale. Durch das aufgedrückte Fenster streichle ich einen

Kopf. Er sagt, die Gassen haben Vertigo und die Disco-
theken, weiter den Hügel hinauf, wurden gefangen ge-
nommen. Aber ein bisschen Physiologie, Perdrag. Als
spräche alles gegen die Biologie. Perdrag ist ein Kind,
denke ich, es ist, als ob er nur Knie hätte; zersplitterte,
blutige Kinderknie mit Energie, die der engen Dirigie-
rung um sich selbst ausgesetzt.

Der dürre Mann, der am Mischpult arbeitete, im Kon-
text des galanten Rhythmus, wie ein dem Museum ent-
liehener Teufel, hätte genauso gut aus dem 19. Jahrhun-
dert stammen können und mit einem eher selbstgefälli-
gen Voyeurismus als mit Besorgnis beobachte ich, wie
man ihm immer weitere Espressos serviert, vermutlich,
um das starke Zittern dieses kleinen, kranken Wesens,
die Elektrizität, die es, nicht sicht- aber spürbar in die
Musik gleiten lässt, verzweifelt am Leben zu halten.

Endlich senkte sich die Müdigkeit und Fahrlässigkeit in
mich. Zu tief beinah, drang es in mich. Ich war der Tod.
Ich höre nichts. Nichts als eine Amplitude ist in mir ge-
blieben. Perdrag langt hilflos an mich, wobei er kleine
Tropfen seines Alsters in meinen Schoß verschüttet, als
ob es Weihwasser wäre. Am Mischpult laden sie Toten-
opfer auf; der Wirt des Cordeille schiebt sich Scheine in
den zerbrochenen Steiß. Für die Scheißkrone. Er denkt,
niemand hört es; sie haben warme Trauben in den Oh-
ren. Die Musik lallt bis etwas zu Staub verfällt, etwas,
das gleich Steinen auf dem Herzen liegt. In den Zim-
mern stehen Nachttische in denen wiederum ein wenig
Zeit liegt. Die Schubläden werden gelegentlich bei of-
fenen Fenstern geöffnet und die Zeit zieht bis auf das
Meer hinaus.

Wenn die Menschen morgens nach draußen drängen,

wie das Weichen einer Emulsion, sagen sie kein Wort. So sehr die Sonne brennt, friert man morgens durch den Wind; die Luft verdichtet und verdünnt sich. Am Morgen werden alle Ascher der Welt ausgekehrt; aus den Aschern morgen wird der Bossa Nova fallen, wie ein Phantom.

Der dürre Mann spielt seit Stunden nur einen einzigen Ton. Sie hören sogar an den Pissoirs nicht auf zu klatschen. Sie applaudieren ihm im Schlaf. Sie applaudieren, die sie ihre Nachttische aufgezogen haben, sie, die von anderem zu besoffen sind. Perdrag und ich klatschen noch nicht. Perdrag muss meine Rechnung übernehmen. Ich senke noch einen Grad meine Lider, mir wird langsam wieder warm.

Eine alte Frau in einem edlem Herrensakko tätschelt mein Kinn, will mir Espresso schenken und Riechsalz. Ich fühle mich ein wenig dreckig, aber es beginnt sehr gut. Ein eleganter aber hässlicher Mann mit den Gelenken einer Alten; ein Dieb mit hochgeschlagenem, steifen Kragen.

40.
(Parque Basilica)

Reife in getrübten Blumen
Sie erwachen doch unter porösen Fackeln
Meerkatzen, die Kadaver
in Segmente geschnittener Teufel und
Diener

Markerschütternde Weihen;
alle Härten
Übersee: befleischte Fresken –
Unter See treiben die meridianischen
Monstren
lichtundurchlässige Pilze und Kronen…

Schimmelnder Bambus fährt über
Karkasskaden hin und beugt die Warte der
Sterne

Farblose Seife endgültiger Entscheidungen

Kinder eines Häuserblockschattens;
gefangen in einem
vor einigen Jahren vergessenen
Messerkampf

41.
(Der mechanische Tempel)

Abfallwirtschaft,
umwoben von okkulter, schwarzer Magie

Interesse durchleuchtet, das eben
Anblick, mit eigenem Blut befleckte Träumer
Birkenidylle
Tee der Zaghaften untermauerte

Die Bilgen tragen einen Schal Morgen
unter der Zisterne hoch,
in sanftes Rechnen geneigt.

Der Steller schreit auf einer
schweren Pritsche.
Ihre Angelegenheiten sind einfach,
Brom und Kupfer zerwühlen ihre Stirn.
Das Stroboskop-Licht übt die Gewissen,
in der Nähe des Tunnels
glimmen Nordafrika und Kämmerer

Die Mühle erwirkt sich im Duft;
hinter den Lavendelfeldern
mühen die Pappeln den jungen Wind.
Karpfen aus Holz legen sich in Tau.
Gleitende Paläste binden sich uns an…

42.
(Niemals die Stadt)

I.

Ihr Gesicht schaut schon wie eine Garotte aus; so reich
an abgeknicktem, blauen Lilienhaupt muss der Saft ge-
wesen sein, der sich von innen her über die Lippe hob
und ganz bis zum Kinn hinab sickerte. Alles ist gerade
so still stehengeblieben, dass es knapp vom nicht-
genau-Fassbaren unterschieden ist. Eine Fotografie wie
der darin aufgenommene Mensch. Dieses Gesicht ist in
allen möglichen Ausdrücken mit vorhanden. Ich schie-
be es weg, gerade als das Fließen der Wolken auf den
Schienen - etwas worauf die Dinge einfach heran-
schweben dürfen - einen rauschenden Nicht-Gedanken-
strom eröffnet. „Fehler", da steckt alles mit drin. Abge-
tragenes, Insektoides auf der Fehlbühne. Wo wenig ist,
wird das Wenige sehr schwer. Aber die Fahrgäste sind
voller Warten und dass sie leer sein könnten – undenk-
bar.
Die Augen überschwemmen mit dunklem Protoplasma.
Mit dem Warten, so, wie es ohnehin verhandelbar sein
kann, was Warten ist, muss man umgehen als lebe man
vierhundert Jahre. Weniger übertritt die Schwelle zur
lebensgefährlichen Behandlung seiner selbst. Selbst
wenn die Transpore überpünktlich und mit geröteten
Wangen auftaucht, ist man lebensgefährlich behandelt
worden. Dreht ein Seil. Stiefel an den Füßen wie Son-
nenblumen. Ein pfeifender Ballon.

Weit ist der Hof, kleinköpfige Eidechsen, sie ähneln nun Fingern, schlurfen und hüpfen, und aus kleinen Kartuschen aus schwarzem Ester mit acht stolzen Kammern. Ich singe mich an; cabincabincabin. Nip. Molden. So unmöglich. Na ja.

Der Hof ist weit und starr. Er flimmert nie, auch wenn er fast immer alles bekommt was er dazu braucht. Alles in der Stadt ist anders für mich geworden, aber der Hof ist ewig, starr, anti-revolutionär fast bis zum Faschismus. Die Zielorte nehmen noch stärker als dieser alle Farben mit und laden sich mit ihnen auf, der Hof aber ist gleichmütig und nahezu tragisch verlässlich. Sie haben ihn ja nur gebaut, aber die neue Gestalt verliert sich in der alten Gestalt, das Neue wird leichter sublimiert wie eine Narbe. Das Neue der Form löscht die tiefe Hexerei des Alten nicht aus. Ich bin gar nicht oft hier, aber der Ort gehört mir am ehesten; er hat sich in meinen Gedanken verloren. Dass es derselbe Ort ist, an dem man sich verirrt, das soll es doch sein, oder?
Meine Geschichte ist so klein und träge; niemand bedauert, niemand beneidet mich.
„Ah, Rosenöl", stöhne ich in mich hinein. Niemand dreht sich zu meinen Augen. Der Zug führt ein, Melodram; like an old fart.
Einstieg. Ich verhalte mich wie ein Mensch. Ich lege mich später in die stille Nische des Wabenschlauchs.
Der Walkadaver; aufgehängte, stinkende Schinken, Fahrgäste, klebrig-klare Glubschaugen, Boden voller quietschender Nippel, Sitze, die aussehen wie ein Hämatom, grüne Dinosaurier voller Edelgas, die Baumkronen hängen ihre Schultern nach oben wo die Sonne

sich gerade noch aufhält. Die Fingerspitzen fühlen sich schon an als hätte man sie in Ethanol getippt. Nichts wirkt klar. Klar? Ich überlege, wie man in der Fantasie Erde auf ein Querdach wirft. Ob man ein Gitter baut. Schon sehe ich glitzerndes Salz auf einen gelehrten Mann gestreut; ein großer Mumienleib; Abfall-Beseitigen ohne Gesichtszüge, Vogelkäfige auf der Brust; ein Parkhaus mit geschrumpften Gliedmaßen. Schnurrend sinke ich ins Haar; ein Bienenkorb, ein zerfranster Turm zu Babel, der im Herbst mitwelkt. Bettelnde Priester lehnen sich ins Gestänge; sie pfählen sich ohne sakrales Vorhaben. Das Sakrale, ohnehin, wird sichtbar in dem, was man sich von ihm aus den Schuhprofil kratzt.

Die Blätter leuchten; Licht ist das Fleisch, die kahlen Pflanzen Nerven. Ein schwarzhaariger Mann, dem eine Harpyie gerade beide Nieren aus dem Leib reißt, kichert laut her; eine Angst an einem anderen Abend hat ihm das eingebrockt. Dass er schwitzte und die Spinnenweben. Seine stoische Warmherzigkeit wurde da irgendwie beschmutzt. Das Fleisch, das ihn an die Nieren bindet, hängt erst widerstehend wie Kondomhaut, dann beim ernsteren Riss wie schmelzender Käse um das Organ. Er erbricht und starrt dann in die Kronen. Er pfeift. Aus dem Mund. Und der geöffneten Mitte.

Ich hänge Wappen in den Herzfarben auf, Rot und Blau. Ein Zyklop schreit in Agonie und entnervt. Ein großer Ballon, rosa und geformt wie ein verniedlichter Oktopus, wird auf eine Laterne gepfropft. Meine Hände sind leer. Ich halte sie in einen Sarg. Wir sind deine Hände, wir erleuchten und erlöschen. Ich drehe ein Seil. Weißes Wasser lutscht an einem Boot. Eine Samtkrähe wird von lila schimmernden Federn wie der Saturn beringt. Die bierflaschengrüne Aphrodite sieht mich mit geistlosem Appell an. Ein Schurkenstaat, ein ausgesägtes Stammhirn. Tragen von Kapuzen, auf die Haare genäht sind. Eis lutscht an meinem Adamsapfel. Ein blechernes Schnurren; überall vage Adamant, verschwindend, eingeschmolzen, ausgebootet. Einen Darm einspannen; das Verglasen einer Brust, Zuckerplatten auftragen.

Mit jeder weiteren Minute aber verarmt das Geschehen. Die norddeutschen Landschaften reden nicht gern, drängeln sich nicht zu sehr zu deinem Gemüt hervor, so dass es mir mal logisch, mal widernatürlich scheint diesem behauptet nassem, durchaus wahrhaft aber winddurchströmtem Schoße zu entstammen. Er gewinnt das Spiel um die Trostlosigkeit.

Ich lege zunächst die CD ein, die erworben im Rausch von Kaffee und überbackenen Champignons, frittierten Romanescos, der selbst in einer Waldpilzrahmsoße schwamm. Ich lausche zunächst angestrengt, dann mit Mitleid und einem Gefühl, das mir nur sehr entfernt bekannt vorkam, der sich ohne Hirn in ein opaques Nichts windenden Eklektizismen. Wie ein Kind, dass mit einer Mauer, 1,50m vor sich stehend, beginnt zu schaukeln. Am Bahnhof von Hamm, als meine Gedanken ganz müde zu plattgedrücktem Zahnfleisch und zerschellten Milchzähnen schweben, sieht mir eine Schar Katzen in die Augen mit diesem typischen Katzenblick; als hättest du ihnen alles genommen. Ein Mensch kann in solchen Augenblicken gar nicht so schauen. Man schaut nur ganz ungenau, ganz unverständig. Als hätte jemand schon lange wieder zuhause sein müssen.

Mein Disc-Man hat bald seinen zehnten Jahrestag; so wie ich meine Sachen behandle sieht auch er auch aus; er besitzt echte Narben. Was sich jetzt in ihm dreht, versteht aber auch er nicht. Ich nehme die CD raus und erst lege ich sie in den kleinen Klappmülleimer, einerseits aber klappt er so nicht zu, dass man einen Tumbler darauf stellen könnte, andererseits will ich sie doch nicht zerstören; ein gutes Geschenk um Freunde schrecklich unglücklich zu machen.

Ich lege „Here comes the Indian" ein und senke mich wieder hoch zu den Petri-Schalen-Wäldern, die auf die Decke des Abteils hochtropfen; erfreulicherweise geht mir die intuitive Bedeutung des Stückes und des Albums drumherum nun auf; die ganze Anwesenheit von Wasser, die mir eigenartigerweise entgangen war. Tage, in denen ich nur für eine einzige Suche entworfen wurde – sie mehren sich. Ich denke, die Katzen sehen mich mit Horus-Augen an. An einem Ende von Horus Augen löst sich dein ganzes weltliches Gesicht auf. Erst der Wanst und Beine, die Brust ganz zuletzt. Deine Sinnesorgane – mit Ausnahme der Haut - hängen in der Luft. Sieht ein wenig nach dem Zubehör eines Kartoffelkopfs aus, aber zunächst ekelt man sich eher ein wenig.

Das gleichmäßige Schlurfen des Zuges ist ein silbernes Tablett auf dem man sich präsentiert wird. Das Knistern in Baumkronen war der Wind. Als irgendwann die CD aus ist, erwarte ich im Wald zu stehen, auf einer Taurusweißen Lichtung und alle Kastanien knallen aus den Bäumen.

Die Realität auf dem Hannoveraner Bahnhof, der sich nähert, gewährt weniger Lichtung. Und die Naturwunder begrenzen sich auf Vögel, die zu scheißen beginnen sobald man ihnen in die Augen sieht. Hyazinthene Masken ziehen schon einige Kilometer verfrüht um deinen Nacken herum. Mit himbeerfarbigen Köpfen flennen die Kinder und die selige Geduld, die (gegen jede andere menschliche Akustik abgesicherte) Meditation wird zerrissen, Arbeiten und Denken erlahmt, Identifikation wird von einem Wurm aufgefressen. Entfernst du dich, musst du dich in Feindesaugen zurechtfinden.

Ich klettere durch die einsamen, nicht-körperwarmen Sänften; ein Messer schlitzt einen Riss in den großen Leib; nur wenige Minuten bis ich mich erneut zusammen mit meinem Gepäck aufgebe. Die letzten raschen Augenblicke der ersten Fahrt haben mich tief ermattet; die Erscheinung Satans in einem der Automatenfächer wäre nötig gewesen meine Souveränität aufzufrischen. Die Durchsagen hüllen alles Steinerne in den schlanken aber beinahe undurchsichtigen Stoff eines mühsam auswendig gelernten Gedichts; die Stimme eines großen mechanischen Kinds. Die Passagiere agieren einfältig wie in unangemessener Lebensnot; ein Aufziehvolk. Ausdrucksvoll wie das Gesicht eines Fisches. Menschen, die sich immer über möglichst heiße Wetterlagen freuen. Und Auslage-Augen. Hohl und leise weben wir Salz. Gesichtslos und dehydriert.

Es scheint eine Woche; die Augen sind auf den Erdboden gerichtet; wo er durch ein leeres Blatt ersetzt wird, muss man ihn wieder aufmalen können. Ein Strauß aus Rehen vermodert in einem ausgeschnittenen Augenblick. In sich wehen sie Sand. Hörnchen fressen verliebte Sprengkapseln. Blut stolpert in den Adern und träumt sich an die Stelle des Harzes in den Bäumen. Blumen, die in einem herrenlosen Leinensack verküm-

mern. Im nachtgrauen Himmel ballt sich eine Schnee-
faust. Laublose Vögel starren in schwarze Spiegel. An
den gemalten Häuten der Türme rasten die Fähen in
kurzem Atemstoß. Frösche drehen sich trostlos in Müh-
len. Die Äste fressen einander wie Geschirr. Der Hori-
zont bleibt überall gleich, unauflösbar, unentwirrbar.
Die verebbten Schritte versinken. Wer nicht weise wird
müde.
Das ganze Bild zerspringt wie ein Schneeball.

II.

Einer, persönlich vertrieben. Verwahrlosung mit all sei-
nen Sinnen betrieben, ein Hungermensch. Frösche mit
verklebten Mäulern, atme bis zu einem Riss. Meine Ge-
danken wickeln sich kurz um eine Person, die sich auf
einem Pfahl reitend mit ins Brustheft treibt. Wir malen
unseren Namen auf einen Strohfetzen; der Mond be-
gleitet uns wie eine sinnierende, gewelkte Laterne. In
deiner Hand drückst du angeschwemmte Algen und
Fetzenfische aus. Auf den Lippen schäumt ein Bart Ko-
rallen. Ein kruder Willen drängt sich unseren Nachfah-
ren auf. Das Blut beschäftigt mich, die gotteslästerli-
chen in ein Bedeutungslos geworfenen Alhambras.
Der fahrende Zug schlüpft und mir ist so, als legte ich
mich in einen unbezahnten Mund zur Rast; ein IC.
Bleich wie ein Augenmaß, das über den losen See der
Pupille daher ruscht, falle ich in den beharrlich zwin-
genden Zustrom, wie ein Spermium, dolcht mir, finde
ich meinen Platz.
Eine überaus von Nervosität durchzogene Euphorie

fängt mich ein.

Wenigen Stunden von nun an also falle ich zurück in die Hände des Nordens. Die eigene Bedrängung im Rahmen der ununterbrochenen Abhängigkeit von meinem Liebsten leuchtet mir ein, aber ich zweifle nicht daran wie makellos das seltene Vergnügen menschlicher echter Gegenwarten von mir ausgepresst wird. Ich denke dabei an Santa Muerte und Mardi Gras. Ein Dasein, das nicht weit über die Gegenwart, höchstens in Formen der Vorhersehung, hinausgreift, erhält Gegenwart. Es ist, als wolle ich mich auslöschen, mein Mund wird Fresken ansaugen, dunklen Stuck, große Serife. Protest aus der Legende. Ein unseliges Leben, das nicht einmal ein Hund führen muss, zu einem Pappaufsteller eines echten Menschen hochgezogen mit Tau und Anzüglichkeiten mäßigen Flitters. Ich Augenhöhle. Nur was wird werden? Nun, der Zug ergibt sich mit dem „F" eines sterbenden Organismus. Meine Finger sind blutrot. Mit meinen blutroten Fingern ordne ich mich gegenüber eines Nip-Shit-Halbglatzköpfigen, dessen Beine herumeiern wie die Extremitäten eines Kraken. Passt nicht auf den ersten Blick zu jemanden, der so ausschaut als würde er aus Allem einen bitteren Ernst machen. Ich bewache meine Euphorie; auf sie folgt im Alleinsein immer eine schmerzhafte Selbstbelohnung und Aushöhlung. Wenn man nichts hat, so benötigt man doch Gewohnheiten, einen Ritus. Und mein einziger durchbricht die Verordnung des Arztes. Ich sehe ihn schon dasitzen mit dem Gesicht einer goldenen Urne. Scheint so, als hätte ich nichts, nicht einmal die Depravation, nur meinen Hundekopf. Ich bin der gray ooze meiner eigenen Vorstellung entwachsen, ein großer Schadnexus. Ich sammle also die seltenen, unangesehenen Phänomologien, aber zeige ich sie unbeabsichtigt auch an. Der Schrotthaufen, den man erwartet, Schrotthaufen vorgeschaltet um niemanden zu ängstigen, das Reservoir des Gespenstes, die Formen zu bewohnen.

Motivation durch das Auge, fähig so zu schweigen, sozu vergessen. Der Halbmensch, der mir gegenüber, bindet sich schillernde Busen um; er kehrt insgeheim was in sich zusammen. Seine Lippen Ödland, möglich, dass er Alkohol in ihnen sammelte; passt aber irgendwie nicht zu seiner sterilen Geometrie. Aber wo ihre Grenzen sein könnten, sind seine Lippen rot verrutscht. Aus einem Tümpel voll Mysterien gehuscht. Mein Schluckreflex gerät ins Stottern.
Hinten tritt der Gau ein; Schalke-Fans auf dem Weg ins Nirgendwo. Schreien als Menschen-Abziehbilder, wie man sie sonst nur auf Schlachtfeldern der frühen Antike zu finden. Der ewige Klassiker; ein ganzer Rucksack mit zierlichen Bierflaschen fällt auf den Boden des Abteils oder eine Dose rollt durch den Wagen. In der Vision von Komfort in einem IC hätte ich nicht damit gerechnet. Mit grimmigen Gesichtern und der Körperhaltung von Troglodyten versuchen sie sich in ein herrisches, angenommenes Savoir-Faire der Aggression zu versenken und gefallen sich darin. Immer ängstige ich mich, mit meiner ignoranten Haltung gegenüber dem Fußball, von Nahem statt dem in Blau angenommenen einen Bielefelder oder Paderborner zu entdecken. Doch bevor solches Schicksal drohen kann, drückt der Schaffner sie wie ein Steinbock aus Karamell sanft in

ihr Territorium, ein anderes Abteil zurück. Von Fernem
sieht er aus wie Roosevelt. Cyan leuchtet er vor einer
Warnbeleuchtung auf und verpufft ins Nichts. Er erin-
nerte mich entfernt an einen Kollegen zu Schulzeiten,
der inzwischen mit seiner achtäugigen zwölfjährigen
Geliebten irgendwo in der Schweiz in einer Ortschaft,
dessen Namen etwa so klang wie „Capricorn", wohnte.
Ganz davon abgesehen, dass er so aussah wie ein Kar-
tenspiel, sah ich ihn nie im Tageslicht; wir hatten ja nie
dieselben Kurse, sahen uns nie in den Pausen, aber
abends in einem aus Licht gefalteten Schatten. Hab ich
dort geblutet; mein Oktoberlächeln zersprang.
Der Kupfer über den Augen zerfloss. Unwürdige Griffe
wuchsen rege und schief zum Himmel. Wie Halogen-
lampen beginnen die eigenen Augen suchend in die
Landschaft zu glühen. Viele, durch just nur eine akute
Anwandlung errichtete Szenerien bleiben trotz der Hin-
fälligkeit des alten Impulses wie ein Versprechen an
den Schläfen hängen. Ein Blutkringel schließt sich um
die Stirn, Geschichten mit verwechselten Namen. Ich
schließe die Augen zu verteidigen, zu einer steinernen,
verschluckten Puppe. Ölig tanze ich auf einem verbote-
nen Traum hin und her. Alles brennt, die Flammen neh-
men die Schattierungen auf dessen, was sie verzehren
zu behaupten doch unversehrt bleibt. Eine in der Nacht
sich entfaltende Mangrove. Augenpaare streifen das
Mark des Wassers; Engel in den Agaven. Nichts aber
spricht von der unbehaglichen Klimazone in der man
sie vermuten würde. Die Witterung ist stark verein-
facht; Rochen drücken sich in glitzernden Schlamm,
Käfer, Wasserspinnen und verknöcherte Larven betuen
sich mit metallischen Gefieder. Keine Fluchtpunkte

ohne Leiblegende. Sie werden nie satt sein.

Die Lider schnappen von Zeit zu Zeit auf als müssten
sie Sauerstoff ernten. Ein Rauch steigt von mir auf, sie
saugen ihn; Vapor und Vampire. Wie die Leute sich hal-
ten verarmten ihre beredten Physiognomien zu Licht-
bällen. Ihre Knochen schaben am Fleisch um als Schel-
len zu erklingen. Mit einer Bürste aus Stroh schaben sie
ihr Gestein entlang. Sie werden schon in Decken gewi-
ckelt; sie drücken sich trocken. Als sähe sie Elagabal
an. Im Sterben umwirbt das Profane das Ruhmesdasein;
verblüht sich um einen Anflug von Wert. Wir erleben
Fatalismen, wie sie nicht gekannt. Aus einem Eselszopf
presse ich verschimmeltes Blut; Blut tropft auch aus
meinen und ich reiße auch unter Fallen um ausgeleierte
Haut auf der zu innig Gelebtes.

III.

Mit zwei ebenbürtigen, einander entgegengesetzten
Flüssen strömt sich die Halle leer, strömt sich die Halle
voll; die ihren individuellen Schleusen zustrebenden
Isotopen aber verwischen die Bilder, die selbst von Bil-
dern abstammend. Verwilderte Alkoven scharlachroter
Ziegenheere, Monolithen, sich drehend, Tausendfüßler,
die sich in all ihre Segmente zerschneiden, tölpelhafte
Muränen, die aus Schwefel-verstickten Korallen tau-
meln. Und zahllose Läden, solche, wie sie mich in Köln
bei einigen Besuchen vollends schon zufriedenstellten,
sieht man vielleicht hinweg über die Trübung des eige-
nen Anteils am Leben, die Nichtssagenheit von Gefüh-

len, wie man sie bei einem nächtlichen Spaziergang an beiden Ufern des Rheins nahe des Bahnhofs und Doms womöglich zu empfinden lernen vermag.

Aus dem Ganzen her hangele ich mich entlang durch ein Paar blassblauer Augen, die ich alsbald freilich verliere, denn auch wenn ich ihnen lang noch nachhänge, so würde ich sie im selben Angesicht je nicht wieder entdecken.

Dem grünen Stoff meiner Träume nachschauend, bin ich blind als ich auf den Vorplatz trete und übersehe beinahe B., einen alten Bekannten, trotz seiner Tarnjacke. In einem Verlegenheitsinstinkt schaue ich mich nach anderen Gesichtern um. Wenngleich ich fast gesichtsblind und die Zahl der mir bekannten so dermaßen unterdurchschnittlich, ist es mir treue Marotte überall ein bekanntes Gesicht zu suchen, was näher betrachtet leicht zu ergründen wäre. Ein wenig allerdings steckt die Neigung zum Schicksalshaften darin.

Eine Hautlinie Silber zertrennt mir den Horizont; wie es üblich geworden war, nachdem ich neben der Sparkasse, wenig weiter, bei einem früheren Besuch ein Hippie begegnet war, das – nicht allein vom Aufzug – der bis vor Kurzem erfolglos Geliebten fast identisch war, setzte ich mich auf eine Bank auf dem großen Vorplatz und lud einige Bücher aus, auch jenes, das ich gerade bemüht war zu schreiben, natürlich nicht ohne zuvor einen Becher Kaffee sichergestellt zu haben. Die Hippie-Mädels sind natürlich nicht da; es ist erbärmlich kühl und feucht; ein falscher Gedanke, denn es konnte gut sein, dass sie obdachlos waren, aber anstatt des düsteren Zuges der Gedanken der daraus sich ergebenen Möglichkeiten, war, was diesen Zusammenhang konstruierte, dass ich sie mir bei so kaltem Wetter nicht im Freien vorstellen konnte. Meine Gedanken, die in verliebten Momenten mündeten, erschienen mir reichlich stumpf, vage und zweidimensional. Die Faszination in solchen Zeiten ist allerdings auch groß, so groß, dass selbst die drei Ziffern, welche die Körpergröße beschreiben, mich schon umso mehr verzaubern und verhexen konnte. Irgendwo ist der Wunsch hypnotisiert zu werden in mir übermenschlich. Oder ist es die Suche nach einem Rausch, einem originärem Rausch, der nicht von der Substanz sondern von außen auf den Weg gebracht werden muss; insgeheim genoss ich sogar die Vorstellung religiöser Praktiken die Trance hervorrufen, die wegen der Inkongruenz meines Geistes und des Chaos, das ich fast unweigerlich um mich herum erzeuge, aber mir jetzt zumindest unerreichbar schienen. Eine bestimmte Abfolge optimaler Reize, weiß ich, können mich in die Besessenheit verschlagen, eine wunderbare Kondition, in der ein kleines Konsortium präziser Vorstellungen einen ganz erfüllt und alle anderen Gedanken unterdrückt werden. Doch in der Mehrheit dieser Fälle, ist meine Aufmerksamkeit und Konzentration schon durch Koffein verstärkt; aber – dies ist ein kleiner Gewinn – das Ritual ist eine absolute unerlässliche Komponente. Letztendlich ist es wohl nur der unwiderstehliche Reiz forcierter Konzentration, der mich in jenen einzigen Zustand befördert, in dem ich mich gleichzeitig in meinen Gedanken und Worten scharf umrissen, ja, auf einmal konsistent fühle, von meinem Körper und teils auch der Umwelt keine einmischenden Reize mehr entgegennehme. Ein reiner Krug. Und in der unseligen Kälte aber auch durch nahes Geschehen gereizt, entlud ich meine Seele.

Nach einer Stunde durchgängigen Vergnügens ließ der
Zustrom mich fallen, aber ich war bis zur völligen Er-
schütterung euphorisch. Eine Taube glitt am Gesicht ei-
nes Radfahrers vorbei und enthauptete ihn. Krank lach-
te ich, selig, bedenkt man es genau, das keiner nahe um
mich war.

Ein Lachen kam eines Tages auf mich zu, drang in mein
Wesen ein und nun verwende ich es in der Einsamkeit
nur noch. Früher lachte ich so nur, wollte ich irre wir-
ken, doch es ist mein ehrliches, privates Lachen gewor-
den. Ich weiß so gar nicht, wie ich in Gesellschaft la-
che, dabei ist dieser Fall ja keineswegs abhanden ge-
kommen. Ich bin schon lange verrückt geworden,
warum kommt das Lachen so spät? Kommt vielleicht
vom Theaterspielen; seitdem habe ich auch das falsche
Immerlachen. Es ist so schäbig, ich glaube gar nicht,
dass es meine Art ist. Aber man lernt es insgeheim so –
es ist kein unehrliches Lachen, du lachst nur über etwas
anderes als man zu dir sagt oder was in der unmittelba-
ren Gegenwart geschieht. Das Immerlachen wenn es
immer was zu lachen gibt, ist eine echte Geisteskrank-
heit für sich. Das alles immer zweifelhaft ist, musst du
nicht mehr bemerken, die Welt ist so geworden für
dich. So etwas wie Leere ist in dich gekrochen.

Nun ja, heute Abend soll sie lediglich Kräfte sammeln.
Oder verströmt man die Leere? Es ist oft eine junge De-
menz in den Gesprächen und sie hängt nicht nur mir an.
Wörter bleiben nur, wo etwas verhandelt wurde. Wenn
sich zwischen Menschen was ändert, bleibt alles davon
unsterblich; Epen entstehen, wo eine lange Kontinuität

zerbricht, wo Konsistenz, Form, Materie, Gewicht zu Tage tritt. Wo aus Stillstand ein Gegenstand wird. Der Einsame überlebt nur in Gestalt, wenn er sich sich selbst entfremdet, parodiert, überspitzt, entstellt. Man kopiert Haltungen aus Filmen, ein richtiges Mimenspiel rettet dich. Du rettest dich in Augen. Versucht zu profitieren, dass du erstarrst im Inneren eines anderen.

Der leere Becherrand zerschneidet meine Hand. Für den Himmel ist es spät, das Cover des Buches gibt eine Vorahnung des kommenden Regens an meine Finger weiter. Überdes wird alles so diffus wie gewohnt; wenn man sich an sowas gewöhnt – eigentlich heilt Diffusion und Konfusion vom Gewöhnen.
Nun wollte ich die verbleibenden Stunden mit Kontinuität füllen und um es zu tun, legte ich mich tiefer in meine Gedanken nieder; das gegenwärtig zu Sehende verrutschte wie ein zartrosa Pigmentfleck, ich hefte mich mit meinem eigenen Blick der Heimat an.

Vor wenigen Wochen - doch auch hier schiebt sich der Horizont, der kühle, der nun erst herrscht darüber – nahm ich den kleinen, etwas wilderen Weg hinter dem Kickers-Stadion entlang. Als Vor- oder Nachbote eines Zirkus grasten dort Lamas, Ponys mit zuckerwatteartigen Schöpfen und wenige, durch die Gefangenschaft gedrungene, doch muskulöse Rappen. Scheue Kinder blicken mich an, mehrmals mich mit einem höflichen „Hallo" grüßend. Sie waren unauffällig an sich aber eindeutig den Wohnwägen zugehörig; zwischen ihnen und den Tieren hing beinahe sichtbar ein Band in der

Luft, auch sah man ihnen an, dass meine Erscheinung für sie eine leichte Besonderheit darstellte. Später kam mir eine Art Begriff dafür - „Alte Welt". Viel zu ehrgeizig für einen so inkonsequenten Menschen (in manchen Belangen wenigstens), aber fragte man mich um diesen Zeitpunkt was ich darstellen wollte, so war es frühes Altern. Morbidität. In seinen eigenen Monumenten zu verkümmern. Ich ging weiter; irgendwann dachte ich mir: dreh dich nicht danach um wohin sich jeder dreht. Sei auf deine eigenen Lichteinfallswunder stolz, sie reichen. Geschehen terrorisiert den Regungslosen.

Der Himmel war hübsch; eine vor-Untergangsphase, noch viel Blau, aber die Wolken hier und da sind schon angelaufen. Am Gitter des Platzes heben Brombeeren das ganze Feld an. Ich musste eine Zeit lang büßen und ging meinem Onkeln im Gärtnern, wie ich es mit meiner ganzen Kraft und Ungeschick eben vermochte, zur Hand. Im Winter ausgerechnet wollte der örtliche Friedhof die Brombeeren ausgegraben sehen, mitten im Kreuz vierer Gräber. Seitdem ist die Wurzel einer Brombeere im kühlen Grund der härteste Stoff dieser Welt. Meine Schaufel zersplitterte, „stech in sie; hack!" schrie mein Onkel.Und sicherlich war es das Träumen, das es vorbereitet hatte, aber das Schauen in den Himmel in den Momenten völliger Entkräftung, wie nach einer langen Onanie, wurde in diesem Winter Element meiner Sehnsucht und so suchte ich in jeder Selbstbefriedigung den Blick durch ein Fenster, den Augenkontakt mit Gott oder was auch immer da oben entlang zog aufrechtzuerhalten. Ich war 16 und bekam ein zweites Element – den Himmel, den Intellekt – zu dem mir angeborenem Wasser, der Emotion, dem Leben, hinzu.

Schwarze Amnesien durchwelken die Leute. Zeit ist da; als ob man einen zerknitterten Nelkenstrauch zu essen bekommt. Die Straßenbahn segmentiert mich; ein Teil wird mitgenommen; in der Mitte gleitet er hinaus ohne alles andere zu beeinträchtigen.

IV.

„Kaffee?", fragt er. „Welche Sorte?", „Schwarzäugige Bestie". Ohne dass ich lange zu überlegen brauche, bejahe ich. Es ist eins der raffinierteren Appartements, die ich mir vorstellen kann. Und da die Zeit eiliger voranschreitet als ich, hingen heute, an meinem 26ten Geburtstag, überall draußen in der Passage bereits Lichterketten und lassen es um so entrückter, urbaner und andersweltlicher erscheinen wo es doch nicht besonders groß und überdes vor Allem nicht sein eigenes ist. Seine Cousine hat es ihm verliehen; sie ist selbst erleichtert, gestand er, wenn sie ab und an Urlaub von dieser Wohnung mit ihren von außen perfekt verspiegelten Fenstern, mitten in der Kerngabelung der Einkaufspassage, mit ihrem kleinen Oberlicht, das die einzige Quelle natürlichen Lichtes ist, machen darf und jemand anderen die Auswüchse dieser gewagten Lebensentscheidung verspüren lassen kann.
Ihn mache es verrückt, gibt er zu, ich aber müsste niemals wieder aus dem Haus gehen, dem zweischaligen. Du bist ein großes Monster, du, in dem wir leben. Segne dich, wir fürchten uns. Segne dich. Die Unterkante der bodenlangen Fenster hängt etwa einen Meter über den Füßen der Passanten. Lukas, ich sag dir was: ich

fühle mich wie Satan. Sie sind ja ganz durchströmt durch Strafen. Sie tun mir so leid, dass ich ihnen was schenken will. Auf so engem Raum eine Wüste. Gut, dass sie die Decke da abgesenkt haben. Man sieht es. Du siehst, dass der Bogen auf der einen Seite weniger von der Decke absteht. Der Rest natürlich auch. Ich merkte hinter dem Bogen sofort: jetzt bin ich eher in einem Gebäude. Die nebenher laufende Straße wirkte sicherer; sie beschäftigte mich weniger. Ich blieb eher auf meiner Straßenseite.

Wir sind alt und tot. Wir sind große Lilien. Lukas saugt am Kaffee; er trinkt wie eine Antilope. Seine Pupillen zeigen in beide Richtungen, wo Hörner aus dem Kopf stecken könnten. Wenn er überlegt, sieht er immer genauso scheu aus. Was meine Blicke heißen, weiß ich nicht. Beim Kaffee sehe ich auch hoch, schnurgerade nur. Von aus-Gläsern-Trinken habe ich für mein Leben einen roten Streifen auf der Nase. Beim Denken aber schau ich hin, wo es mir gefällt, ist manchmal aber auch ein Problem – schau ich dann ruckartig auf das Papier um zu schreiben, denken sie, sie wären es. Als wüssten sie alle, wie abschätzig ich über sie dachte. Da wir hinter einem Spiegel sitzen, sehen sie uns besonders verstohlen an, befremdet. Kaum jemand, auch ich zuvor nicht, weiß um diese Wohnung. Nicht sonderlich fair in meinen Augen. Da schwanken sie; zu Teilen fleischfarbene Blusen oder Hosen tragend, Anoraks, die ein wenig schlabbern, Gehstöcke mit Wappen, die einer unter Zehnmillionen höchsten, ganz in Bewegung, zuordnen und so sich erkennen geben kann. Das Gefühl zu ihnen ist ganz verschwommen; man weiß gar nicht ob man sie berühren kann, man überprüft aus arbiträren

Gründen ihre Materialität nicht. Vage Erinnerung an einen Großvater binden sie an mich, diese Altgeister. Küsste ich diesen Großvater, war er gerade nicht da, sein Fleisch wuchs zu, verklebte sich mit Harz, zart wie ein Tannenzapfen.

Von der Maschine stieg Dampf auf und der schlitterte und zog durch die Leute hindurch. Hinter dem Dampf der Maschine, der wie ein Korbbogen sich zwischen uns steckte, ölten sie, wir ölten ihnen. Ein Satz genügte um in die Luft zu schreiten. Gierig frisst Seife am lebenden Leer. Wie die künstlichen Perücken eines Oberhaus-Richters gepudert, bis zum Barocken gezupft. Zwischen solchen, die kurzen, braunen Cordröckchen aus denen sich zwei herbstregenbogenfarbene Beine drehen. Doch diese Beine sind nur eine Waise ihres Schädels. Auch die sich in so manche Farben schlagenden Mädchen gehen ausgehöhlt daher. Ihre Hände sind Zwerge. Müde und zerzaust wie schwaches Garn. Menschen, die einen Raum verlassen und sie geben das Licht frei. Sie sind vollends abgelöst davon aufzulesen. Als wären sie alle leicht, ganz leicht berauscht von Alkohol.

Jo, was wird heute Abend? Hast du schon eingekauft. Ja, können wir machen.

Wie von Azteken hellgesehen. Eine Ebene viel zu verdichtet für das Durchführen eines Krieges.

Lukas hält sich ein rot gefärbtes Holz vor den Mund; seine Augen, Wasser schluckend, drehen sich über sich selbst hinweg. Caramel Prisoner. Wir gurgeln schlüpfrige Erinnerungen. Weich glänzendes Ödem; die Strohwitwen grinsen; in ein Angesicht gespien. Man fühlt sich wie entladen; der Kaffee; man ist Creme. Von einer morgendlichen Nassrasur fühlte sich mein Gesicht unter den eigenen Fingern immer noch an wie Wachs. Zudem waren meine üblicherweise schulterlangen Haare stark gekürzt worden und ich sah mit meinem Anzug wie Renate Künast auf Steroiden aus. Nicht sonderlich fair.

Irgendwo in grünen Sauerstoffstreifen, die eine lange Unabhängigkeit von der Herrschaft Kohlenstoff-basierten Lebens anzeigen, vergrabe ich mein Gesicht zwischen seltenen Erden. Ein Rokoko-Strauß liegt auf meinem ungenutzten Grab. Oktobernelkengespenster überblühen sich in abnormer Hast. Die Kabinettsleiden überraschend am Vertigo. Und niemand, niemand steht - nur in Strümpfen und Strumpfhaltern - da und greift sich in die hohen Socken um die Grabesmiete zu bezahlen. Eine Arabeske während der Intubation; ein diffuses Wimpern-Zucken, ein Nerv, der im Gesicht auftaucht. Ein Strauch Larven milbt sich aus einer unter die Erde gekrochenen Basilika hervor.

Lukas' Nasenlöcher sind große Schlots mit Krempeln. Stets sieht man ein wenig Untermeeresboden. Man spricht mit einem Goldfischglas. Aber ich bin umso heiterer: es ist *meine* Zeit. Aus einem gesellschaftlichen Anstand heraus tun wir so, aber wir nehmen uns nichts ab. Wir tilgen nicht, wir ändern den Lichteinfallswinkel. Und obwohl wir aufgrund einer Wesensverwandtschaft all unsere tiefsten im Geiste begangenen Schandtaten kennen, könnten wir uns der Abscheu unserer jeweiligen Selbst gegenüber uns nie für diese Gräuel, die nichts anderes als eben Schande sind, Absolution erteilen. Und hegt einer in unserem Zusammensein priesterliche Gedanken, löst sich der andere bereits im vagen

Anflug derer fast umgehend schon in just Luft auf.
Als ich mein Geschirr wegbringe, klappert es. Zuviel
Koffein, hör ich mich sagen. Wirklich „Meine Güte",
ich bin halt sensibel, okay. Wirklich. Wir kleiden uns
an; er in Mein-Lehnsherr, ich in Flamingo. Ein Lauern;
eine peinliche Konzentration auf den Schuh. Der Flur
irritiert, er führt ins Freie hinaus und man muss um den
halben Komplex wandern um dort anzukommen, wohin
man eben noch starrte; wie Schnittraum und Kulisse.
Ein Ausgang direkt in die Passage wäre aber auch uner-
hört; der Auftauchende könnte auf Höhe deines Ge-
sichts Bonobo-gleich gewichst haben, unten auf dem
Bauch könnte der Samen noch brennen, wie ein Spiege-
lei in der Pfanne – so erscheint es im Kopf. Überall, auf
den Plazas und Passagen dieser heiteren Welt laufen
Männer mit potenziell zu entdeckenden steifen Glie-
dern umher und so selten ist es gar nicht, dass sie un-
willkürlich Samen verlieren; die „Frühlingswelke" oder
das „Frühlingsfaulen" nannte meine Schwester es, denn
natürlich kannte sie es damals schon und wusste, was
ich durch statistischen Zufall spät erfuhr, dass der weib-
liche Schoß exakt derselben Sumpfneigung befähigt ist;
eine von den Gipfeln feierlich zu verkündende Gnade,
wären wir in eine Menschheitsgeschichte nicht-perver-
tierter Männlichkeits-Vorstellungen vorangeschrit-
ten.Vitalität ist es ausgerechnet, das welkt; das Leben
paart den Tod immer mehrmals mit; entstehen heißt
binden, vergehen freizulassen.
Wie sehr naht der Wunsch, mein Gesicht sei ein Strauß
frischer, weißer Rosen, die man verschenken könnte.
Lukas schüttelt seinen regulären Kopf. Anbetracht der
taktilen Qualität, nicht des Geschmackes, ein Rosen-

blatt zu vertilgen, steht ein diffuser Ernst dahinter. Elektrizität gleitet durch mein Haar; innen bin ich ganz verbeult. Was willst Du von mir, ich habe Önologie gelernt. Geht mir zwar leicht von der Zunge, ja, aber war ja für nichts. Kein Pkw. Hätte ich einen, würde ich darin wohnen. Kannst ja nicht „hausen" sagen.

Der Wind fasst herb an uns, doch habe ich das Gefühl, mich fasse er mit erbitterterer Hand an. Keiner von uns schätzt es im Gehen zu sprechen; würde der jeweils andere einen nicht, in der Passage angelangt, verdreht hinter dem Glas anzuschauen sich verpflichtet fühlen, wäre einer einfach im Appartement geblieben. In gewisser Hinsicht bleibt man immer gleich alt miteinander. Die Schuhe schlagen gegen den Bogen; weit entfernte Stimmen scheinen einem in der Konzentration direkt vor der Nase aufzuflammen. Das Glucksen der Erker, das Gemurmel, das als niedrige Wolke in den Gebäuden und Gebärden hängt – wer entscheidet, was eher Wasser ist? Wenn, und das ist es: ich weiß es ja eben nicht, die Menschen wie ich ihre Gedanken in die Landschaft hängen, ist da eine Landschaft von Verdichtungen und Verpuffungen, Fort- und Hinströmen um uns, jeder nimmt eigene Wege.

Spatzen kleben in den Ästen und fischen nach schleimigen Fleisch; sie erscheinen höchst flüchtig in Anbetracht der Einöde über der sie hängen. Ein wenig brennt mein Mund innen. Meine Zähne glühen heiß vor einem gefrorenen Mond. Wir fischen nach Espresso Macchiattos mit Hauben wie Badeschaum; umzurühren mit einem jener Holzstäbchen, eine Miniatur altchinesischen Klopapiers. Ein abgeschenkter Mund hinterlegt sie: große Verwaltungen von Lust und Qual. Ich streife ei-

nem Rock nach, der – türkis – den Beinen nichts an
Kontur nimmt und ungleiche Paare wie „daheim" auch
in den Cafés; sie: ist nicht unbedingt, was man weltge-
wandt bezeichnen würde vom ersten Eindruck her, aber
trotzdem, Diabetes-süß, saugst du mit Mitleid auf den
auf's Blut genötigten Blick, ist sie in einer Schar selbst-
erklärender Dorftrottel eingekeilt während du an ihrem
Freund, dessen Untersuchungsmechanismen bezüglich
des eigenen Selbstwertgefühls irgendwann vermutlich
versagten, eine knapp dem Pathologischen entfliehende
Minderbemittelung zu bemerken glaubst. Eine eigenar-
tige Realität, aber wenigstens werden deine Zweifel ge-
legentlich in die Ödnis hinfort gestreut, wenn sie den
Mund öffnet (besser als einen Lampenschirm zu vö-
geln).

V.

In der Stadt nun herrschen Zustände wie am Ende der
Prohibition. Die Ganglien strahlen. Das Geld faltet sich
unmittelbar zu einem Familiar, ein blauer, grinsender
Frauenteufel. Wir verhandeln mit dem Argument unse-
rer Physiologie und wie der Geist zu vermodern
wünscht. Zentaurenkäfer verkleben unsere Augen. Bun-
tes Tuch. Wir ebnen unser Geld einem Italiener in einer
Mönchskutte aus Papier, der Wodka leuchtet während
er ihn festhält wie eine Wärmelampe rot auf; für mich
könnte er Satan sein. Buenos matrimonios ahi fuera. Ich
sehe in die Zukunft und dort schneidet er eine Glühbir-
ne von einem herabhängenden Draht. Er legt sie in
einen schweigenden Garten. Der schweigende Garten

legt sich in den Mund; blassgelbe Vakuole. Draußen,
wo sich der Verkehr ins Zeug wirft, wildere ich ge-
spenstischen Schnittlauch. Mutlos lösche ich mit dem
Nagel einen trockenen Sahnerest aus dem Mundwinkel,
dem rechten, in dem von der Rasur noch ein einziger
Stoppel übriggeblieben. Da könnte man beinahe die
Zeit vergessen; vieles bleibt unberührt.

Zwei Flaschen mit Büffelgras drücken wir unseren
Bauch entlang bis an die Brust hoch und verabschieden
uns mit einem gebrochenen sizilianischem Sprichwort.
Für den Weg zurück hängen wir uns an durch die Luft
fliegende Haken. Wir sind tatsächlich halbe Schweine.
Der Brustzahn beißt zu und nimmt uns. Wir fliegen
durch die Bienenkörbe. Grüße an ein fehlendes Gesicht.
Meine Hände fehlen als ich nach unten sehe. Die Kälte
beschäftigt sich mit mir. Sie ist womöglich meine Ver-
bindung zur Zeit; meine „andere" Zeit ist abgelaufen,
meine andere Kindheit ist in der Steppe vergessen wor-
den um einen Stein zu wässern. Ob man durch die
Fruchtbarkeit wie durch ein Facettenauge sieht, lasse
ich mich nichts angehen. Die Knospen auf den ver-
schwundenen Fingerspitzen vibrieren wie der Vorder-
leib eines Käfers, der unter einem Stein hervorschaut.
„Auch Zwerge blinzeln", sagt man.

Ein schmaler Strunk Blut dreht sich durch unsere Haa-
re; die Augen werden ausgerissen. Hortensien winken
uns durch Schleier verspritzten Rückenmarks nach und
solange wir dem Tod entgegen fallen, fassen wir in Hai-
nen wachsenden Lichtern nach. Als rissen wir an einer
grünen Kirche; ein Tag, der aus unzähligen Namen im
Acker geknetet wurde. Die Fahnen auf den staubigen
Scheunen entfalten sich nicht da sie mit einer Schleife

am Mast festgezurrt wurden. Lukas lehnt sich in den Anorak. Der Taxifahrer murrt; schmollt in sein Blech. Die Lebenslinie auf seiner Handfläche legt sich halb auf seinen gesamten Leib nieder. Sein gesamtes Fleisch lag in einer Schlucht, die keine eigene Persönlichkeit besaß; sie hatte den vorbeiziehenden Himmel über Jahre ohne Bedauern angesehen. So sind die Menschen, sagte sie und lächelte.
Wir schleichen hinter die Passage, ganz Gaspard de la nuit und Männer aus Glühwürmchen. Wir versprechen uns lange davon zu trinken, länger als wir an Milch und Blut unser Mutter tranken. Aber meine Mutterbrust war septisch; ich schrie nach der Brust und schrie davon, dass ich sie bekommen hatte. Das hilft dir vielleicht irgendwann beim Erwachsenwerden, sagte sie dann, ging ins Büro und stellte die Brust neben der Schlüsselschale ab. Unter ihr, die „Kumme" genannt wurde, hatte sich, um Jahre verschoben, viel später der weiße Milchrand noch gebildet.

Wir stellten, wieder heim, die Flaschen zunächst auf den Tisch, kochten weiteren Schwarzzüngigen und liefen um den Tisch als ob fachmännische Philisterlösungen eines Rätsel in uns erwüchsen. Glashände. Schließlich legte Lukas beide, die nun wie Geschwister beieinander lagen, in das Eisfach. Aus unser beider Mund blubberten falsche Blumen; die Lichterkettenköpfe formten ein Laub und alles war irgendwie vergriffener Schmuck. Der Horizont des einseitigen Fensters endete an einer hoch führenden Treppe. Die Passage ist mir nicht unbekannt; sie ist mehr Brandschutzkonzept als Lebensraum. Sie war einst Raum und mehrmals das, doch die Kunst hatte sich als Paniksperre erwiesen. Einmal brannte sie und die schmuckvollen Oberflächen verzehrten sich im Feuer zu kalleidoskopisch schimmernden Höhlengestein. Es war ein Terrain, in dem Feuer sich ungesehen fortbewegen konnte. Wo das Feuer war, sah man nur an den Anzeichen – gräuliches Federlaub und schwarze Ölpappen. Die Auswirkungen dieser Art von Gefahr waren, dass man von der Zeit abgeschnitten war. Wer an diesem Tag dort war, verlässt die leuchtenden Höhlen nicht wieder und der Wegfall mindestens einer Dimension zwingt sie zu grausamen Kompressionen...

Blut dreht sich durch unser Haar. Wir wohnen der Geburt großer Öle bei.

Wir mischen etwas Laudanum in das Reservoir der ewig bestehenden Musikliste; es leuchtet im Strauch auf, schlurft hinein mit einem trockenen, behaglichen Knurren. Wir beginnen über dies und das zu sprechen. Über Frauen. Die Flaschen rollen im Gefrierfach laut hin und her. Ein blutiges Steak ruft seinen Namen, Lukas, und eine feuchte Knospe Chicorée und Blätter von Romanesco den meinigen. Wir verfallen ins Kochen, psychedelischer Samba lullt wie Dampf in unsere Ohren. Wir reden über Frauen. Ihre ausgedorrten, dennoch glänzenden Augen, ihre Revers, wie sie ein Beet anschauen, wie sie ihre Haut aufsetzen und wieder ablegen, darüber wie leicht sie Versprechen ablegen und wie sich morgens an die Bettkante oder auf dem Sofa aufsetzen. All das könnte man auch über die Männer sagen, denke ich leise; es ist ein Menschending, verstehe aber, dass du die Hälfte vor deinem Urteil in Sicherheit willst.

Mein Auge flackert in einem Gestern auf; meine Hand
taucht unter einem Schirm auf, orientblau. Doch bis zu
diesem Dahinschauen vergeht und welkt ein ausufern-
der Weg von dort, wo ich zum zweiten Mal verbrannt
und erstmals verurteilt wurde. Der erste Schnee, der
fällt nach dem das Theater vorüber ist; die langen
Sonntage hatte es im Nachhinein nun nicht gegeben.
Und all die Statuen und Kunstwerke, die ich in meiner
Menschenlosigkeit, in einer absurden Befremdung und
Nichtung geschaffen und allein genossen habe, sind
zerschlagen und wieder Menschen geworden.
Sich hier unter zitternden Lampen zu drehen, die ver-
schwimmen vom Schweiß wie ein Licht, das man durch
Götterspeise hindurch sieht. Der eisige Wald taucht
wieder in mir auf, doch woran erinnere ich mich?
Ich seh Lukas durch den aufsteigenden Dampf von der
Seite an. Ich sehe Artur hinten im Wagen. Die Fahrt
nach Fürstenberg oder Hart Ringelstein, vermutlich
Fürstenberg. An ihm vorbei rauschte ein verkrampftes,
schwarzes Geäst vorüber; klassische Musik, die zu je-
nem Moment unmöglich gehören konnte. Sie tropfte
auf meinen Gaumen. Am Theatereingang drehte ich
mich einen Augenblick lang um, weil ich glaube, ein
Feuer ausgelöst zu haben, warum auch immer. Abge-
schnitten von der Zeit. An eine grausame Konzession
gebunden. Blut dreht sich durch mein Haar. Vor Gott,
nicht uns. Ich hielt es für unvergesslicher aber irrte
mich wohl. Ich hatte mich nicht erst während der Der-
riere verliebt, keine Ahnung, warum ich so an dieser
„offiziellen" Version festhalte, so dass ich es nicht ein-
mal Lukas erzähle.
Ich werde langsam morsch. In der Attika krümmt sich

die Bewehrung und darunter das Gebälk, wo sich die Eulen niederlassen. Als Kind habe ich eine Dokumentation darüber gesehen; irgendwann schleppte der Sprecher ein glatt geputztes Eulenskelett aus einem Wandloch; ich glaube, das hatte mich zum Weinen gebracht. Nun holt es mich vom Weinen ab. Ich war es gewohnt, geholt und gebracht zu werden, aber eigentlich wurde ich gebracht, wenn ich geholt werde und geholt wenn ich gebracht wurde.

Im Schatten des Topfes leuchtete der Romanesco blau wie tiefer Schotterstein. Ich erwarte ihn jeden Augenblick selbst absteigen zu sehen. Lukas dreht am Hahn und ich nehme mir etwas Wasser und drücke es mir auf's Gesicht. Der Steak-Kokon richtet sich halb auf und nickt wie eine tastende Raupe ins Nichts. Meinen Armen sind neue Hände gewachsen, die Finger wackeln und drehen sich. Lukas wackelt mit seinem Kopf und dreht ihn. Meine Finger erscheinen mir so gelblich und so erst bemerke ich, dass das Licht hier in jener Wohnung recht ungewöhnlich ist. Meine Augen ermüden, Lukas stellt einen ersten Schluck neben die Mahlzeiten. Er tunkt bereits das Fleisch in die Mangosauce, so dass Blut in ihr, in einem isolierten Diamanten darin kleben bleibt. Mit dem Chicoréeblatt hebe ich es hinaus, wie das Schaufelrad einer Mühle.

VI.

Ausgezehrte, verbrannte Silhouetten tanzen uns vor den Augen. Der Bus schluckt sich stadtinwärts. Eine Mandschurai mit unbefestigt in der Luft hängenden Vasen.

Ein Gothic-Mädchen zerzupft ihre rußig gewordenen Strümpfe mit einem gelangweilten Reizkasten als Begleiter. Ein gutaussehender Mann, schätzungsweise über 40, zwischen Bürointeger und Klavierspieler oszillierend, bewacht sein blauäugiges Kind. Ich trage Handschuhe und lese, in einen Zylinder eingelassen, von der babylonischen Bibliothek; Glutofenschlafzimmer sind zu erkennen, Algen tanzen mit ihren merkwürdigen, winzigen Tangschatten. Ich stelle mir die Wohnungen, dank des Einflusses eines halben Liters Büffelgraswodkas von oben und unten eingedeckt in Risopalplatten vor – mein Leben ist verwirkt. Wir fallen bei der Domsheide aus dem Bus, verhökern einen Gedichtband an unbedarfte, traurige Betrunkene vor der Bar; Jahrmillion alte Faschisten rufen von drinnen „kommt doch herein". Glücklicherweise zieht es auch Lukas weiter, Richtung Steintor. Opium-Opal-Duft mit einer schweren Beimischung von Schimmeldampf; ich japse nach der liebgewonnen Verachtung von Altmeistern, zupfe Ameisen vom Pullover und schaue durch die Wände. Lukas nimmt also seinen Versuch war, doch ich verrate ihn mit meinem Gesicht, bin froh angesichts der Aufmerksamkeit des Türstehers nicht wie eine Lotse meine Arme schwenken zu müssen, so dass die halbe übrige Flasche unseren Zugang vereitelt; tief eingepackt wie abscheuliche Geschenke wie wir sind, war sie kaum zu ertasten. Interessant, denke ich mir, dass sich der unabsichtliche subtile Verrat so viel stärker zeigte, angesichts der Erinnerung an Amsterdam, die Tage als Riesenratten, Kakerlaken mit spießigen Fantasien... ich sparte mir die Nostalgie auf, die eigentlich keine Nostalgie sondern einsetzender betrunkener Stupor war. Alles ist zu korrumpiert, wie abgerissene Fetzen des Florentiner Leichentuchs, für mich zu ordnen auf dem Boden verstreut. Das ist die wahre Gestalt des Elends der 99%igen Einsamkeit; die Auflösung der Zeit ist nicht auf das in ihr Geschehene begrenzt, sie frisst sich in das gesamte Erlebte hinein; so wie Tradition ein kollektives Phänomen und Selbstbezugssystem ist, nicht gefeit gegen ihre selbstgefällige Korrektur, ermöglicht die nicht mehr umzukehrende Spur der Einsamkeit freie Hand im Feld der eigenen Biographie und so weiß ich selbst nicht einmal mehr heute, 7 Jahre zuvor, an meinem 26ten Geburtstag, dem 9. November 2010, was von all dem ich an diesem Abend wirklich verlebte und fühle mich doch außer Stande für fiktiv zu halten, was ich an Notizen davon vor wenigen Stunden aufgetan habe.

Nur Lukas ist zum Mitbewohner meiner eigenen, oft zurecht gerückten Tradition geworden, und dafür bin ich ihm dankbar.

So ist das Glück, die Freiheit, die ich genieße.

Die Geschichten, die mir über mich erzählen: auch nur Gegenwart. Unermesslicher Raum.

Wir wanken später das Weserufer entlang wie zwei Godzilla-Actionfiguren, von aufgepusteten Kinderhänden belebt. Wir sind nicht ganz bei Trost. Er trägt neuen Wodka, ich zwei klobige Cola-Pumpen, jeder von uns trägt nun einen Büffelgrashalm im Mund. Lucky Luke mit Manga-Augen. Ich schlage vor... was könnten wir machen? Blutspucken. Ein Betrunkener singt *Don't fear the reaper*. Es würde mich nicht wundern, wenn ein abartiger Gondoliere vorbeifahren würde, Buntstifte und Glasscheiben würden überall in ihn hinein gestochen, er ist von oben bis unten vollgepisst. Ihr wisst schon; der Mond fängt an geil zu leuchten und scheint auf eine Ente, die gerade scheißt. Lukas wirf auf dem Handy den Samba an, vermischt mit idiosynkratischer Tanzmusik, die klingt wie ein Bauhaus-Stuhl aussieht. Ein Subengel-Urban. Die höchste Rachebeauftragten tragen keine Lanzen, das sind avantgardistische Wimpel, da, keine Ahnung... da Müll? Jetzt ein Zimbel spielendes Äffchen erwürgen. Man versucht sich vorzustellen, dass jeder, der eine Flasche Büffelgraswodka trinkt so denkt. Nur ein schöner Traum.

Ich erinnere mich vage an eine Freundin, die den Gedanken liebte, Aerosol würde schwarze Partikel, Einstiegslöcher in einer zweidimensionalen Welt hinterlasse. Sie war höllisch charmant. Was sie jetzt wohl macht? Ich wage zu bezweifeln, dass du sie kennst. Nein, sie könnte dir jeden Tag begegnen, in den Nacken hauchen, du würdest sie nie kennen lernen, du würdest sie nie ansprechen, sie würde dich nie ansprechen. Ihr seid vorgeschieden. Ja, ich weiß. Ich glaube, ich schreibe ein Buch, das heißt „489 Wahrheiten". Da steht nichts drin und es hat exakt 900 Seiten. „Müllmann" um es den Singenden zuzuschreien. „Mannmüll" nachrufen. Lesbische Zisternen. Mein hysterisches Lachen setzt ein; hysterisch auch in diesem Augenblick aber nicht verrückt. Wir seibeln einander voll. Overfucked Weltaufseher, Zwiebelringer, Chorfladen, Sonnenwurm, Homunk-cools, Pilzstift, Schmalzmäntel, Ochsenschwanzpuppe, Super Mario Wank und all solchen Unsinn mit den allzu bildlichen Vorstellungen, die sie begleiten.

Der Mund, lange Fäden ziehend, zerläuft. Man nimmt

uns das Licht, Gralskröten schnurren, das zu Möbeln, Stegen, Batteriekammern, Musikinstrumenten und Giftmülltonnenzwischenwänden verarbeitete Holz wächst zunächst, streckt Blut aus und schrumpft hinter dem Blatt zurück, Öl und Wasser wird müde sich zu trennen, das Kambium verzwergt, der Bast spreizt sich und das Hirnholz reißt. Die, aus dem Elektrolyt ausgeschnittener Wolken, Mäntel knarren. Wir klettern den pelzigen Weserhügel hoch. Wir färben zu einer Diskothek aus; alle sind so todgeweiht! Da wir etwas warten müssen, brennt sich mir der Name ein, „Lila Eule". Lukas verschwindet eine Weile derweil ich einen roten Buckel inspiziere und taucht wenig später mit Ingwer-Bier auf, nicht wenig, was die Wartezeit völlig damit ausfüllt ein geeignetes Versteck ausdiskutieren. Ich fühle mich wie Sun Tzu; angesichts eines so desolaten menschlichen Daseins lässt er sich mit großer Treffsicherheit rezitieren. Hohe Hecken sind wie Weinregale, niedrige wie Bierkisten; im überaus schmalen Vorgärten kann man manchmal was eingraben, aber was ist, wenn Maulwurfsgrillen dir das Bier weg trinken? Zudem sehe ich Gesichter, die ein Bier auch hinter einem losten Stein in der Hausfassade, unter losen Bürgersteinpflastern oder im Hals unter den öligen Augen einer toten Frau finden würden. Kann man nichts machen – das ist eine regellose Welt. Menschen tauchen aus dem oder verschwinden im Nichts ohne Vorwarnung, Materie nimmt Aggregatszustände an, die es gar nicht geben dürfte. Menschen tauchen ihre Überzeugungen in Zeitfalten komplett aus, Elefanten fallen ohne Atemprobleme durch das All und stürzen weinend in Gasriesen, Galaxien haben Formen von Korkenziehern, Naturgesetze, die über Jahrtausende Gültigkeit bewiesen haben, treten beim $3\times10^{27^{43}}$ten Male außer Kraft. Ganz zu schweigen, dass man nie dort ist, wo das eigene Leben stattfindet. Als wir dann eingelassen werden, nimmt der Türsteher uns das wenige verbliebene Bier mit dem gefrorenen Grinsen eines Panini-Fußball-Sammelalbum-Stickers ab und jede Anomie zieht sich in ihre Schwertscheide zurück.

Unten, nachdem wir durch die Garderobe gewunken wurden, schlägt uns ein superrealer Duft entgegen, gemischt aus Schweiß, vor Allem schwitzenden Genitalien und verschüttetem Bier und türlosen sanitären Einrichtungen, nur eine Wendelstreppe aus Stein von der Tanzfläche entfernt. Doch obwohl die Synergie all jener Eindrücke einen eigentlich in die Knie zwingen müsste, atmet man ihn ein als würde niemand und nichts einen dazu zwingen; man taucht in den Duft unter. Ganz abgesehen davon, dass wir ausreichend versorgt und die Menschen dort wie zertretene Insekten aussehen, umgehen wir die Bar und ordnen uns gleich auf der Tanzfläche ein. Entgegen anderen Diskotheken, die mehr cm² dem einzelnen anbieten mögen, gibt es bei annähernd jeder Wildheit der Bewegung kaum ein Risiko und bald, sehr bald, finde ich mich mit geschlossenen Augen tanzend. Ob stark alkoholisiert oder kaum; die gewisse Rücksichtlosigkeit, die untypische, Intuition und Intelligenz erfordernde Komplexität des Rhythmus der Mash-Ups konnte, da sie funktionierte, niemals eine Metapher auf mein Leben sein und desto mehr, ja, gefiel sie mir. Und so, wie ich von aller Zeit abgeschnitten war, setzte sich der Tanz über angemessene Zeit fort.

Es war noch vor der Dämmerung als wir, als wären wir erleuchtet, durch die leeren Straßen trampelten. Die Leere erschien mir eigensinnig und musste mit Sinn betropft sein. Schnee stöhnte als wir auf ihn traten, unsere Mäntel aber tragen wir vor uns her, von Schweiß und Hitze durchtränkt.

Ein fauler Spätherbst schlüpft aus den Leibern beieinander gelegter Sommer. Neue Wolkenstämme fertigten sich in Bädern und leeren Kirchen an. In unserer Sprache tauchen fremde Tode unter und alles oben bindet uns.

Der Mond lässt ein Stück Darm auf die Welt herabhängen, in Rosenfarben, Licht ausatmen und warm.

Und alles verschwindet hinter einem neu emporsteigenden Tag und der kommenden Jahre meiner verbleibenden Lebenszeit.

KAPITEL 4
SKELETT IM MOND

43.
(Armenbegräbnis)

Für dich hab ich in meinen Händen Laub
Für dich hab ich Hasen

Ich tanze jemanden zu Tode
Ich singe jemanden weh

Der Wald hat schwarze Hände
Ich bin der schlimmere Frühling

Unser Bettzeug spannt auf freien Augen
Mehr ist nicht drin

44.
(Myko)

Große, durch scheinbar gänzliche Frische
hindurch getragene Geständnisse

Sporen: in 6 Zeilen zerlegt
Sonnenblumenfaschismus in der letzten Sekunde
Ehe, meine Freunde - der Mensch versteht sie
Dieses Jahrzehnt wird durch den
Zustand als Gast markiert;
Perm-Rose, die im Mond welkt,

deine Fette sind streng;
wie sehr die grüne Triumphale, deine,
sich gegen geschicktes Mohn auflehnt!

Deine Vakuole ist von herrlichem Zwielicht bekränzt
Durch Jahre benenne ich dein Land
und ordne die Dunkel. Durch bekennendes Wimmern
trägst du deine Vorglut ein.

Anstatt deines Namens, kenne ich dein Zeichen

45.
(Paralyse)

Kostenloses Papier;
Metastasen erblühen zwischen kleinen Lichtkränzen
Traumferche, die jene Sohle der Seelen schwächt.

Ich ernte die Fistel,
die ich kräftige in Nächten langer Fürchte.
    Ich sehe Feuerquallen sterben
    in der Bucht bronzener Platten -
ihre Maschinen jüngen die Schwüre,
    die ich nie erreiche
Zigaretten in Scherben;
    ist trockener Gast dort bei meinem
Kehlengericht?

Sie entfernte die Klarheit über dem Brand
der Kirschen meiner Stätte löste.

Legasthenie
ist der tote Leib der Landschaften
wir lösen der Ebenen Klänge ab;
eine karge Galeere bildet köstliche Krater -

Das Paraffin-Häppchen war 40 Gramm in der Zehe
eines Kalbs;
Geburtsinstinkt paart in einer Warze sich zur Welt.

Wir dachten:

    Heiligkeit war im Knochen meiner Wünsche,
    doch dunkelste Pokale -
    in den Ämtern meines Leibes
    gibt sich der Wind des Lichtes
    zu allen Liedern frei...

46.
(Gnostik)

Es trifft einen die Verachtung wenn man sich eben dort hinsetzt, wo man den umfassendsten Überblick hat, dort vielleicht sogar, wo eine große Familie ihr benutztes Geschirr, ohne fürsorgliche Gedanken gegenüber Fremden, hingestellt hat, da jeder von ihnen sich gleich stark fürchtete, sich so weit zu entfernen, dass er zum Inhalt der Gespräche werden würde, oder einen Einwand, den er gegen eine andere Person hegt, nicht zur Sprache oder gar Entfaltung bringen kann.

Da sind die zwei, die man hört, aber nicht sehen kann; man müsste sich noch weiter drehen, zu den einzigen Verstecken:
Er: "Ich bin sehr froh, dass wir dieses Ding jetzt haben. Es wird uns das Leben sehr erleichtern."
Sie: "Ja, ich denke, es wird sich sehr bald auszahlen. Es wird ein echter Gewinn sein."
Er: "Gute Dienste wird es leisten. Gute Dienste." (seine Stimme endet etwas denn seine Lippen sind leicht trocken, zumindest vernimmt man, dass er ein wenig schmatzt)
Sie: "Man muss fast sagen: früher hätte man es haben müssen."
Er: "Ja, stimmt schon. Aber es ist gut, finde ich trotzdem, dass man es so gewagt hat."
Sie: "Richtig. Man hätte es vielleicht gar nicht mitnehmen können, im Ausland ist es vielleicht gar nicht er-

laubt oder man hätte es verloren."
Er: "Vollkommen richtig. Vollkommen richtig."

Es ist später mittlerweile; man rennt die Stufen hinauf
zum Zimmer, wie ein junger Mensch in der Adoles-
zenz, der seine Empörung zeigen muss, eine, in der er
vorgibt wegzulaufen, aber tatsächlich, noch unverstän-
dig der Welt und ihrer Besitz- und Raumverhältnisse,
dem vorhersehbarsten Ort seines eigenen Zimmers ent-
gegen flüchtet, welches vom Herrschaftsort seines Pei-
nigers freilich unklammert wird.
Und nun kannst du dich aus den Träumen, die in diese
Träume fallen, nicht befreien.

Er: "Mir gefallen die Sterne nicht. Ihr Licht hat keinen
Nutzen für mich. Ich habe dieses besondere Ding, aber
ich habe auch einen Sohn. Als ich sein Auto im Regen
habe stehen sehen, da habe ich's einfach ins Trockene
stellen wollen; mit dem Hinweis aber, dass ich zu ge-
brechlich wäre, musste er es mir verbieten. Das musste
er wohl."
Sie: "Die Zukunft bereitet auch mir keine Freude. Das
Leben ist überflutet von Möglichkeiten. Sieh mich an:
ich bin eine Linie. Du wirst mich nie mich in den Win-
tergarten setzen sehen; die Zeit ist dort nicht symme-
trisch, schon gar nicht, wenn der Mond, was oft ge-
schieht, bereits am Tage zu sehen ist."

Du würdest schlafen und es wieder rauschen, wenn ein
Freund nun nicht wie ein Postbote im Erdgeschoss
stünde. Er ist ein ehrlicher Freund, nichtsdestotrotz er-
hält er anonyme Zahlungen, ein Honorar dafür, dass er

es ist. Man hat sich nicht direkt an diese Annehmlich-
keit – und da er Freund ist, ist es eine für beide – ge-
wöhnt, aber das Fragen und den Versuch, dem eine
Wirkung entgegen zu setzen, eingestellt. Es wird viel-
leicht für immer geschehen. Oder jemandes Tod entlar-
ve es.

Man müsste ja ehrlich sein: wie lange kann man so le-
ben?

47.
(Carcassa)

Veröden von Fingern in Benzin

Er tritt in sich um grüne Mauern,
wo Geister in Attiken, Rigolen und
in blondem Anschauen, großen Kuppeln zählen
Sie streift alle Verschläge des Waldes,
in ihnen soll kühl ihr Schenkel faulen
Wolfshunde, die in Knochen Näbel lecken,
Lianen welken schimmelnd von Atem her

Wir sind nur Hasen in Benzin
Wir färben uns in rülpsenden Bächen

Sie rotzt mich hoch, dass ich ihr wie Süden bin
Die Fliegen schauen unter mein rottendes Tuch
In Träumen legen sie uns Organe an –
ein Kind, das mit leuchtenden Segeln geht

Geschwollene Trompetenblumen wachsen uns tief
und roh
So zerstreut nimmst du mich an dich –

48.
(Ein Tag im Herbst)

Mein Vater verspätet sich um eine halbe Stunde

49.
(Der Traum des Chemikers)

Rockgleich entfaltet sich ein Fundament aus Wasser
Der Sand ist schon blau gefärbt
Und ich behalte all meine Paläste für mich

Ein Kasino aus klarem Gewissen
Weich erscheinen die Hälse der Monumentalbauten
und Vereinigung im schwarzen Humor

Wozu erweichen sie meinen Katechismus?
Die Trödler erweichen meine Gehirnmasse
mit dem schwerem Zucker;
ohne Umriss erinnerte ich mich türkischer Milch;
Rinden fettigen Holzes,
ein Sägeblatt, aus singenden Kerzen geformt;
ein Golem Licht,
unfähig dem babylonischem Weg Ligade zu tun

Aus dem Hain her stöhnt der Unsterbliche
der Uranus mehrt sich mit galvanisierten Vögeln und
Zauberinnen
Sie klammen einen Zopf aus Eis

Ein karger Stuhl aus Göttern
Die tödlichen Epiphanien, die Zuflucht eines Herzens
von Münzen
Molekulare, vollende Karten

50.
(Sie wurde auf einer Pelzfarm gefunden)

Sie wurde erschossen auf einer Pelzfarm gefunden
Der Mond drückte einen Bausch auf sie
Der Detektiv schreit wie ein Säugling,
einer dessen Kopf mit Schleim verstopft

Ihr Loch raucht noch:
Sie wurde erschossen auf einer Pelzfarm
Einer der Hermeline ertrinkt in einem Kürbis
Auf dem Kulturacker bebt die Erde
oder ein paar Brocken drehen einander um
In ihrem Loch verdunstet ein Nebel:

Sie wurde gefunden auf einer Pelzfarm
Ihr Mann macht eine kalte Nachtschicht
Die Krähen kommen hinter die Fenster,
sie nagen die Vogelsilhouetten an
Die Hermeline schnuppern am Loch:

Sie wurde auf dem Acker erschossen
So schwer getroffen,
dass sie über das halbe Grundstück flog

Ich werde vom Hügel kommen
Sie und ich werden Kürbisse schnitzen gehen

51.
(Das Monstrum)

Der zu ihm kam, in der Absicht ihm ein Traktat anzu-
bieten, stellte sich als Vesco vor. Maurice stellte sich
vor, dass sein Kopf ein singender Kasten ist.
Er schob die Excerpte der heiligen Schrift zügig mit
seinem Brot in die Aktentasche und erwartete, dass der
alte Mann ihm folgen würde, was dieser, zu seinem Er-
freuen, nicht wagte. Maurice betrat das Café und bat
darum, dass die Lichter heruntergefahren würden, was
ihm - aufgrund des nahenden Geschäftsschlusses - ohne
Aufpreis gewährt wurde. Im Studio gegenüber leuchte-
ten ihm Lichter in einer langen, südlichen Schlange
durch ein aufgeschlagenes Fenster, umriss Teile, Seg-
mente der Welt, in denen die Auslassung wie eine Len-
de brannte. Maurice wartete auf das Algengespinst der
Nacht; er fegte seinen auserwählten Teil des Abends
frei, während sich der lange Flügelschlag einer kirsch-
schwarzen Taube darüber ergoss.
Martinsnacht; langsam stellten sich Sphinxen an die
Stelle der alten Frauenköpfe zurück. Das Körperlos. Ir-
gendwo liegt die Liebe, allerdings in einem aufgetürm-
ten Stapel Schmutzwäsche. Es existieren noch jene, die
das angestrahlte Wasser aufsammeln und mit lebendi-
gem Gesicht reiben sie es in die Blumenampeln der
Passage.
Maurice sieht. Er schaut über die Straße.
Lassard, ein eleganter, junger Mann, küsst eine alte Ita-
lienerin, schneidet ihr die Kehle auf und legt sie auf den

trockenen, da überdachten Boden der Passage; aus den Blumenampeln schwappt rotes Licht während sich das lange Platschen des Wassers darüber ergoss. Glich dem Geräusch eines Fisches, der entschuppt und ausgenommen in einen Teich geworfen wird. Lassard bleibt freundlich. Am anderen Ende der Straße ist die Polizei bereits zu erkennen; das Blaulicht bleibt in dem fließenden Ampelwasser stehen und taucht die Passage in Purpur. Trockene Manticor-Bäuche drehen sich an die Stelle der Köpfe der erwachsenen Männer. Vorbeiziehende Kinder - Gartenfrauen drücken der Italienerin eine Laterne in das Gesicht. Die Kinder verschwinden an einem Aufgang zur höheren Stadt. Die Polizisten tragen die Italienerin fort, rollen sie unter der goldenen Laterne fort, phasisch berühren sie Lassards Aktentasche und es knistert darin das Brot, dass sie versöhnlich werden oder zurückgehen. Sie fahren ohne Licht aus der Straße, Maurice windet sich etwas in seinem Abend auf.
Lassard ist freundlich. Eine Frau mit blonder Perücke, die ihre Hand beriecht, nimmt er und er küsst sie. Noch während er sie küsst, drückt er seinen Zeigefinger in ihren Hals. Aus der Blumenampel spritzt glucksend Wasser, während die Ampel über der Italienerin leer und der Flieder darin verblüht ist. Die Kindergärtnerin mit der Laterne lässt die Laterne zuerst in der Nacht liegen, dann, nach einigen Momenten über denen ein umkippender Körper liegt, der weich und nackt, wie ein enthaarter Kojote, in dessen Körper man sogar das Aneinanderrühren der Organe vernimmt, rollt sie die goldene Laterne in das rote Licht, das aus der Blumenampel fällt. Das Lichtgemisch macht sie starr.
Die Nacht haucht und saugt. Maurice krallt seine

Finger in die Tasche; das Leder knarzt. Die Kindergärt-
nerin verschwindet am Aufgang zur höheren Stadt. Der
Regen erlischt, der Wind bläst mit einem menschlichen
Hauch das Wasser aus allen Ampeln und durch den
Flieder. Der Flieder liegt ordentlich zerstreut, die ganze
Straße ist mit Fliederblüten bedeckt.
Lassard verschwindet in dem Aufgang eines Hauses.
Am Ende der Straße steht eine Person auf dessen halb-
en Hals eine persische Hand ruht. Sie ballt die Fäuste,
gleich als wollte sie schreien. Maurice folgt Lassard
über die, mit Flieder bestreute Straße. Er tötet Lassard
indem er ihm den Hals zerpresst. Hierzu schließt er eine
seiner Hände in die andere.

52.
(Himmelslob)

Das Himmelslob steigt von hinten her über das Abteil.
Wir tranken Kognak mit dem Küchenchef und er emp-
fahl mir sanft und drückend einen Formage al Anet mit
etwas trockenem Brot. Im südlichen Fenster bewegen
sich die Bäume in ihrer tief greifenden Verwirrung. Er
dreht einen Schirm. Wo er ankommen wird, wo er auch
immer hin will, sind die Schirme größer als die Kathe-
dralen, denn, wo immer er hin will, sind die Kathedra-
len klein. Im Sinn der Sonne wären sie stehen geblie-
ben. Auf den Monitoren bewegt sich S. Janes stumm;
verschiedene Leute, ihre Freunde, werden ihr an die
Seite gelegt, wie Flügel. Er schweigt über die Lämmer-
wirbelsäulen im Stahleimer, meine Güte. Sein Schädel
ist derselbe. Osmotisch bewegt sich das Nordfenster
über den oberen Arm. Er sieht fürchterlich aus, ich
presse mich in meine Bank und zerdrücke eine Hornis-
se, denke: richtig, wähle deinen Platz nach dem Insekt
aus, das du aus den Leben dafür nimmst, das du dir für
das Später vorbehältst; stell diesen berühmten Mann
des Vertrauens dar. Er wartet, wer ihn ruft. Man sieht
einen Mann ins Abteil stürzen mit salzigem Gesicht;
der Schaffner eilt bereit um es zu beheben, er schärft
den Frauen ein: bitte, Madame, seien sie nicht schadlos,
er fällt.
Wir gleiten, in den Taschen ein wenig Earl Grey. Im
Fenster bewegt sich ein Schreiber; dessen Denkfalten
wirken wie Barthaare; ich verstehe nicht, warum er es

so aussehen lässt. Er verweist auf das Ende des Abteils. Er schreibt aus Jugend; er tritt als Kind auf Mühlendächern auf, welches sich den Samen auf den Bauch stürzen lässt. Fliegen als Ideen des Fleisches und kalte Birnen. Orleans und Madrid. Wir schlürfen das Obst als wären wir ein Himmel, der den Samen von Jugendbäuchen saugt. Er denkt an Raupen und verschmierte Fenster. In den Fenstern stehen jetzt die Tage des Landknechts und seiner Landknechtsstirn. Ihnen fällt der Himmelslob aus dem Schoß, der geliebt wird ohne Unterlass. Sie können nur beten, dass wir die reine schwarze Wand der Nacht verfahren lassen, dass die hungrigen Äste die Schatten erwürgter Dohlen aus dem Himmel holen. Fresst uns Gespenster aus dem Herz. Zwischen den feinen Revolutionsnasen werden Drohnen zu Dämonen überwältigender Vorstellungskraft gebaut.

Eilig steigt der Himmelslob vorne vom Abteil als sich unser Leder Ausblick allmählich schließt.

53.
(Granatäpfel)

Tropen der Sinne
wiegende athletische Buchten
vom Erz des Hochlands,
dem wiegendem Kreuze,
in Hast
herangebracht.

Deck der teuflischen
Existenziellen. Mit weisen
Regungen enthauptet,
wiegt Ganymed
die Schlehe
der Lichter

Negierend spinnt
Myrmidonenstrom Hellena
in den Drüsen der Ekel.
Krüppel, von Eon
in Marge
gestriffen,

Hierophanten in Lederschürzen
verlangsamtes Durchstreifen.

Entnommendes Karma; Glück verfilzt...

simple Speisen spinnen gezeigte Gifte...

54.
(Schichtende)

Und die, für heute, von der Arbeit Befreiten
kollidieren grausam mit der Viertdimension
Die Vögel ich durch Schauen aufgebraucht

Noch ein paar Stunden, Minuten bis Abend
Dann werde ich mich vergaben im Gift

Und im Sommerholz kannst du Schnurren hören gehen
Und ein leichtes, ganz leichtes Gesetz besitzen

55.
(Stella)

Du, Ich, in der Luft tanken wir uns voll
und abends sinken wir
und wo Licht, da können wir uns enterben

56.
(Arsenal an Zeit)

Keine Erwartung, Neugier
für Milch und verspiegelte Oliven,
in einem Napf aus Gips

verschlossen der Apfel eines Fötus,
die graue Eminenz
der Kraftvolle von Wolken

Hibiskus, in einer Metastase versiegelt;
die strebsamen Hysterischen
streichen ihre Kufen durch Solargras

Florentinertuch hebt
Das Bier hängt auf den Schiffen
Garnelen und Duftmolekül

fällt in Lamarck'sche Kartons

      die gerissenen Kondome und Tulpen
      die Million an Ingenieuren im Exil
      Zitadelle der frühen Dürren
      der Uterus einer Waldkatze
      die demokatrische Stimme
      Fettpolster des Gehirnes
      die Ostmauer aus Nerz
      Unterwassergracht
      Frühen-Wollen

KAPITEL 5
FREITAG / UNBERÜHRTES
LEBEN

57.
(Sie, Hyazinth)

Sie schnitt die Zucchini
Ihre Brille lag neben den roten Strümpfen

Während der Wasserdampf Dinge zu mir sagt,
zarte, die ich sonst nie gehört habe

Schuppen, Gekröse, Büschel und Eis vermengen sich
Das Nebengericht; eine Schattentafel

Ich halte ihr Feuer und meine andere Hand hin,
ihr Kopf hält dennoch nicht still

58.
(Ja, Sport)

Der Sponsor darf stolz sein auf diese Sterne
Diesen Mann, der aus dem Publikum kommt
Dieses Mädchen, das geizig ist

Ja, Sport, ja
Tapfer gewesen sein

59.
(Freitagabend / Unberührbare Frauen)

Die Sonne ist aus brüderlichem Gesang entstanden
Wir liegen beschämt in den Netzen
Wir kreuzen aufgetakelt den Kanal

Wir schlagen uns in das schlanke Fell der Berber
Stocken und torkeln um blutrotem Keim
Ein schöner Türke trägt mein Gewicht
Er hat mich gelben Band gebunden

Ich war nur das Tuch einer Weide
Ein schmerzender Planwagen,
ein enges Kastell

Unten zähle ich der Schülerinnen Haarschöpfe
So wie ich innen fühle,
auf einen zerrissenen Wimpel gestickt

60.
(Streifen)

Die braunen Tauben mit trockenen Zweigen

Die Zweige sind dünn
Sie könnten nicht der Knochen von etwas sein, das lebt

Sie sind nicht scheu und lassen sich berühren

61.
(Alchemie)

Er stand zunächst ruckartig von seinem Hocker auf und wandelte im Kreis, wobei die Nadel, die mehrere Zentimeter unter sein Schulterblatt gesteckt war, auf und ab wippte. Er versuchte den pinken Nebel zu lichten. Er faltete die Hände, schob sie vor und spreizte sie voneinander fort als schwämme er.

Vier Jahre und zwei Monate später stand er von seinem Stuhl auf. Er richtete seinen Blick unverwandt auf eine verrottete Kuckucksuhr, die in der ansonsten sterilen Küche hing. Er hatte den Eindruck, dass ergründet werden müsste, was ihre Zeiger sagen wollten. Das Sonnenlicht brach steil in das Fenster ein und wurde durch das Zimmer hinweg mehrmals gespiegelt. Von einer aufgehängten Edelstahlpfanne richtete sich ein Strahl direkt auf sein Gesicht.
In die Wand zwischen Wohnzimmer und Küche war ein Aquarium eingelassen. Ein winziger Krake taumelt darin und schlägt seine Tentakel um einen künstlichen Tierschädel.

Er saß auf seiner Couch und blickte konzentriert in den Fernseher. Der Bildschirm wirkte sehr nah; Dokumentationen über Raubtiere wurden gezeigt, unterlegt mit der Audiospur einer Reportage über einen Krieg, sehr fern von der Heimat, und auch entfernt in der Zeit. Er legte sich lang hin und sah an die Decke, in seinen eige-

nen Schatten. Ihm war kühl; das Fenster war von selbst
aufgekippt; die Azaleen verneigen ihre Köpfe als der
Vorhang über ihre Blüten wehte. Als die Verhüllung zu-
rück glitt, betrachtete er seine Katze, die die Pflanzen
aufgefressen hatte.

Er saß auf einem Hocker und war mit dem gesamten
Körper weit vorgebeugt, so dass sein Geschlecht sich
auf der Sitzfläche an den Hoden rieb. Sein Gesicht war
erfüllt von trunkenem Brand. Er saß vor dem Fenster
und zog die Vorhänge vor seiner Nase zusammen. Der
Stoff war anthrazitfarben und roch eben nach frischem
Polyester. Es brannte ihm; an seinen Beinen haftete ein
weinroter Ausschlag. Er riss seine Unterhose beiseite
und drehte sich beiseite um in den leeren Raum auf den
Nirosta-Boden zu urinieren. Er verwechselte seine
Brust mit dem Wind. Der Ton des Urins, als er auf den
Boden stürzte, war ohrenbetäubend.

Fünf Jahre zuvor stand er auf, wie es anstößig auf die
meisten wirken musste. Er hielt sich an dem Stuhl fest
und wollte sich vorsichtig von ihm erheben, stürzte
aber von ihm auf den Boden und auf das Steißbein.
Eine junge Frau tätschelt seinen Kopf. Er kann nichts.
Er erhob sich während sie mit abgewandten Rücken
den Raum verließ. Er starrte ihren Zopf an, der sich in
Spiralen, unerwartet, entflocht. In der Mitte des golde-
nen Strudels war ein Mund. Er begann zu lachen, da
seine Erwartungen übertroffen wurden.

Ein halbes Jahr später waren seine Haare in einer mehr-
fachen Geschwindigkeit gewachsen. Er stand vor der

Couch und verdunkelte das Licht mit seinem Kopf, so dass ein runder Fleck dort lag und sich mit einem weiteren Schatten verband. Das scheußlichste Geschöpf der Welt, dachte er, amüsiert. Er schloss seine Haare vor seinen Augen und langsam setzte er sich nieder, als würde er tauchen.

62.
(Bewusstsein)

Zu Fuß das Wasser des still Bewussten überwunden
Isis' Sättigung

Makellose optische Klage der stillen Membran aus
atavistischer Loyalität

Reife der erklarten Gesinnungen
Morgen ist im Einklang
Schweigen liegt im elterlichen Nest dem
mein Strahl
Gewissen entstammt
Die Schlangen des Bodens sind elterlich; ihre Schuppen
Blatt von Tee
Darstellungen der Jugend, allesamt nun verwandt mit
dem Rätsel
Koloniale Kräfte in ihren frenetischen Spielen
überwinden die Zeit
Steinmenschen drücken ihre Hand auf die Brustkörbe
unserer Haushunde
Atem wird im Bauch der Karavelle sacht gewogen
Macheten aus legiertem Stroh stechen aus glatten
Böschungen

Die Zeit der Weckungen fehlt
Reife der weichen Pforte
Lotus lockt aus Tiefen
Kalender der Equilibrien entwendet aus der Halle

letzter Kommunion
Überbleibsel der Übersetzungen; das Feuer in den
Bibliotheken gekühlt. Nachlass der Senke in
Fastenjahren...

63.
(Gelatine)

Zu uns nieder geebnete Fleische
werden wir - feixend -
in geknoteten Bilgen sinken
Motoren in siedendem, doch zerfallendem
Strahl kreisen,
streunen unter einem Mond von Frucht
Frucht

Zu uns nieder Gerungene
Aggressor kosmische offensive Zeit
Kleine Nester aus aufgewickeltem Fahnen
Belohne dich
Zu uns nieder geebnete Fleische
werden wir feixend
hinter schmunzelnden Bilgen senken
Motoren, Westferne
Der Mond
aus strahlendem Kokos
aus Pistazienbutter
Creme eines afrikanischen Weisen
Kleine Meister aus ausgewickelten Fahnen
Er macht ein Windgeräusch
Belohne dich
Die verdiente Butter aus Nussöl
an deinem Nacken
deiner Ferse
Der Mond schläft dich

64.
(Ausheben der Gräben)

Schwung gegen den letzten Dreck
der in meiner Nackenkrause ist
Wende bitte die Ordnung gegen mich

Lösche meinen mickrigen Maquis,
Lodern ist mir unklarer Gesang
Zwilling aus Haschisch und Blut, Waben voller Jeeps

Bedrücke mein leichtestes Tier
Ziegel ist in seinem Würgen
Wölfe im leeren Kosmos streiten

Bedrückender Zweifel und Scham,
beneidenswerte Eitelkeit bebt in Sichtbarem
Luftige Minenmaschinen pfeifen, monogame Ticks im
Herzen

Zugluft im letzten morgigen Hoden,
Akkuschrauber rauchen in Deinem Sarg,
Soll ich doch vorübergehen

Soll ich es doch sein,
sollte ich die ganzen Schwüre aushauchen
Sollte ich doch öffnen
stiller weißer Zwerg,
größere Maschinen erlernen das Beten

65.
(Homulunk)

Staubige Mäntel
Abgeschnittene Penisse der Baptisten
singen in der nun alternden Handfläche

Verrückt, angetrunken,
in jeder Hinsicht einfach nur scheiße
Aber deine klaren Gesichtsmuskeln

Verrohte Wimpern, ungezählte
Synthese; Fixer, informell akzeptiert,
aber noch nicht geliebt

In der Hand nun, die du
Kronzeugen, die Stiere und
Organisation – einfach – prüfen

Öltöpfe mit Nelken
pudern den dürren, vom Alkohol
Rastenden. Der Kastenrock.

Die Mürbe

Die großen Schnecken

Ein künstlicher Mensch, der in einem
Rinnstein sein Bein verkeilt.

Du bist zerbildet, zerliebt
Über deiner Toilette hängend
Über deinem Rock

66.
(Bruchfrühen)

Der Holzschacht erstickt und verschwindet in einem
blauen Ring aus Eisluft. Die Zementgasse neigt sich
hinter eine reife Schlinge. Die Zigarette verglüht in der
Sonne.
In der Luft war der Geruch von Rauch, aber nicht durch
die Nikotinwolken, vielmehr durch offen gelegte Erde,
Bohren und unterirdische Detonationen, obwohl dererlei
lei nichts in einem Radius von 3 Kilometern stattfand.

Kinder schwiegen sich in das historische Gras hinein,
während blecherne Wolken ihnen die geträumte Haut
abzog und sie über weiße, unkenntliche Bäche warf, die
so schienen wie leer gebliebene Stellen auf der Leinwand.
wand. Wie ein Riss in allen Blicken. Eine Katze aus
Créme brüllt gegen den Sand, während ein Schatten
über ihren Rücken kriecht. Ein Phantom, das am Licht
saugt wie Kunststoff, heftet sich mit statischer Elektrizität
zität an die Flügel ihres Brustkorbes.
Die Zigarette durchbohrt einen Grashalm.

Sie schließen gleich; gleich bauen sie ihre Häuser ab.
Gleich rollen sie die Straßen ein. Ihre Gelenke falzen
das Wasser, das in der Luft ist.
Eine Sprungfeder aus Basen schnalzt; in der Motorhaube
be wächst dicht Mondgras. Dinge, die man nicht erkennen
nen kann, reißen den Mund auf. Kälte kriecht an dich
heran und sagt dir alle ihre Gebete auf bis Schmerz dei-

ne Seele gleichermaßen wie den Kopf beschwert. Reise ab. Lege dich in eine Naht. Lege dich in eine Naht, wo dir irdene Götter an die Wangen reichen.
Lege dich hin.

Ein alter Buckel schiebt sich in eine Wiese und die Erde bricht. Die zum Erdboden geworfenen Zigaretten kommen als Schlangen und Gitarrenhälse zurück gesprungen. Sie fallen dir um den künstlichen Hals.
Schreie von denen, die auf eine Mühle gebunden wurden; das Mühlenrad fällt unter den Fluss zurück, rostet im Bach.

Ein dahergelaufener Alter angelt einen Sternenfisch; er lässt ihn in den Himmel aufsteigen wie einen Ballon und weidet ihn aus im Flug. Über dem Schacht liegt eine Metallwurzel. Alle Maschinen sind weich wie Eiscreme.

Eine hübsche junge Mutter, deren überwundene Schwangerschaft, diese Invasion, ihr neue Vorzüge verliehen hat, die, denen, die darum erbitten, es erleichtert, über die roten Flecken auf ihrer Haut hinweg zu blicken, drückt mit Nadeln schmale Löcher in Mohrrüben, Artischocken, Gurken und bringt die Nadeln, mit den spitzen Enden nach Außen hin, darin unter. Verzweiflung streift ihr Gesicht.
Ein Kind streut psychedelische Drogen in einen Kanal um sich an giftigen Amphibien zu rächen; müde Mörder rollen die Verwachsungen der Erde hinab und sonnen sich in der Müdigkeit, die sie überstrahlt.

Die Fuchsbauten geben Wunder frei, die von ihren Zeugen augenblicklich vergessen werden. Weil sie am Haupt ein Brennen verspüren, weil ihre Lunge sich zusammendrückt, weil die Injektionsspuren in ihren Armbeugen verblassen – Geschirr aus Ebnung zieht über die Jahre hinweg, Probe eines Verlorenen versickert in der Marode; die Jugend gibt nach.

Heim gebracht über die Geysire, die Schulstunden.

Sie schließen noch. Noch bauen sie ihre Häuser ab. Die Wange knirscht wie Sand. Ich gehe vorbei und kann dein Gesicht nicht mehr sehen.

67.
(Luftglieder)

Einen flutenden Frühling.
Mehr findet sich nicht hinter Strauch und Stirn. Wir haben die Finger, geekelt, flirrend bewegt, die Jungfrauen geblendet. Doch, „horche" spreche ich meiner Kindheit zu, die Welt ist an Hinweisen leer. Ein Ding als solches nur dem anderen auferlegt.

Wie haben wir sie aus durchscheinenden Lauben verehrt. Und hinüber gesehen zu ihrer im Sturm sich regenden Hand; die Träume reichten zu unseren glucksenden, brennenden Bäuchen herab und stießen sich in Lanzenform durch die Stirn eines ewigen Kindes. Ich sage zu ihr „Verstaltete" und Enrico sagte ihr: „im Wind verknüpft geworden."

Es kam der Tag an dem sie mir den Mund verbot, wenn sie auch nicht wusste wie. Ich spürte es nur. Ich entsann mich eines befremdlichen Vergleiches des Eros mit Macchiaveli und, in einer Form der Benommenheit, erinnere ich mich nicht daran das Nachtlicht der Laube zu löschen. Das Glühen erstreckte sich gleich einem Tunnel durch die halbe Stadt während mein halb schlafender Leib sich mit Feuer voll sog.

In der späten Hälfte der Nacht stieß mich Enrico an und warf mich auf ein kühlendes Tuch; er hatte das Licht der Laube gelöscht. Die Straße zeigte seinen Schweiß

und er erbrach samenweißen Saft in ein lichtblau funkelndes Geschirr. „Alles", begann ich mit einer zitternden Stimme; sie war weiblich in meinem Gehirn, tief und aus letztem Schlaf gemacht. Alles hätte ich mit dieser Stimme anstellen können, sie gehörte nicht mir, gibt nur wieder. „Alles war in seiner Gestalt gerade fast bis zur Perfektion gelangt: das verletzende Senfgras und der Duft der Häute. Bis zum Glühen erhitzte, weiße Haut riecht immer gleich, glaube ich. Meine große Schwester und meine Cousine waren wie Zwillinge mit ihrem Leib unter dem Gesicht; ich weiß nicht, ob einer von ihnen es war oder ich, einer zumindest drückte einen Halm des Sandgrases gegen meinen Arm; zweimal kam mein Blut – einmal war es nur ein Tropfen, das andere Mal schoss es in Strömen einen Bogen über meinen Unterarm. Ich, der Mensch, der ich bin, ist beides Mal gleich, aber nicht am selben Ort. Beide vergraben ihre Unterschenkel im problematischen Sand; die beiden jungen Frauen verdecken die Oberschenkel gleich, die gleichen Wangen werden mit einer geheimen Bewegung berührt.
Auf einmal sah ich mich auf sonderbare Art; ich stülpte meinen Mund über das Meer. Beide Frauen stecken ihren Kopf aus meinem Rachen; zuerst erscheint der Kopf meiner Schwester, danach, nach wenigen Sekunden, rückt das Haupt der Cousine hervor; es ist bei beiden Malen gleich."
„War deine Schwester dort, um dir wieder den Mund zu verbieten?"
Ich sah in Ericos Augen hinein; sein Blick war nicht zu fixieren; beide Augen regten sich unablässig in alle Richtungen. Ich bedeckte seine Augen mit meiner dür-

ren Hand; in den Schwindeleien des Schattens kriechen die Finger um seinen gesamten Schädel. Wenn sein Herz jetzt bräche.

„Sie waren beide da, Bro. Sie sind sich auch sehr ähnlich; ihre Körper sind es. Ich wollte nicht hinsehen, aber es ist wahr."

Seine Augen fassten sich, unter der Hülle. Er sieht hinauf, über die Hand hinaus.

Er dachte nach; die Stirn zerkriecht – das Gewölbe ist leer, mein Junge, das Gewölbe ist leer... jahrelang – mein Junge, jahrelang – was ist mit deiner Gruft, Bro? Alles zieht wie Rauch zurück unter die Hand.

Enrico war etwas wütend; die Diebe. Er sagt zu mir, er war immer so, ich muss ihm verzeihen; gegen Diebe hat er Vorurteile. Und auch mir geht es nicht anders. Wir müssen das ganze Glühen ablaufen, wissen, was ich angerichtet habe als ich verstrickt war. Tatsächlich muss man nicht wissen, wie schlimm ein Problem geraten ist, um es zu lösen, aber man benötigt die eigene Form. Um zu retten, braucht man Gestalt. Liebe und Courage sind große Vorzüge, aber lösen können sie nicht. Warum sollten sie? Ein Mann und sein Kind; sie stehlen sich gegenseitig das Fleisch.

Wir folgten der Straße; ich war matt von Schlaf. Die Möglichkeiten hingen mir nach; die großen Träume fressen den letzten Rest Leben auf; ob auch hierin Courage steckt? Alles scheint mir ohne Ziel und gerade diese Nacht ist voll davon: Ziellosigkeit. In der Nacht gibt es fliegende Objekte; isolierte, abgeschlossene Erscheinungen. Und jetzt bemerkte ich es: alle Formen der Welt sind grausam anzusehen; Gestalt, wie abstrakt sie auch, ist der Engel meines Schmerzes. Man braucht Glauben um zu sterben.

„Die Schritte der Diebe werden so laut sein wie der Gesang von Gott", sagt Enrico.

In der Fußgängerzone, als jemand das Glühen einst nicht löschte, habe ich eine Feier betrachtet; die Band sang sich die Glut im Schatten eines Kaufhauses; Redner murmelten aus den abseitigen Fluchtwegen, Leute tanzten darin, nur ein Mädchen hockte im breiten Streifen der Sonne und weinte; ein älterer Trinker schlug sein Wasser im Sonnenstrahl ab. Ich warf Mantel und Hemd über beide. Sie waren schöne Wesen; ich dachte: der Vater, die Mutter, das Kind; wusste aber nicht, wer was war.

Ich sagte Enrico, dass ich glaubte, das Glühen würde uns an die Bergstelzergasse führen. Ich war nach langen Wochen heimgekommen; es war Nacht, die Grillen sandten ein druchkreuztes Lob an den Menschen, die Eulen versteckten Türme in ihren Gefiedern. Ich stand da in der Haustür mit einer Spielkarte. Bevor ich ins Haus gekehrt war, zehrte ich die starken Blumen aus der Lunge des Hofes; es schmerzte, weil mein rechter Arm gefesselt war; mit einem Aderlass bereitete ich mich jedes Mal auf die Heimkehr vor, vielleicht, weil ich leichter sein muss; gelegentlich komme ich heim und bin wieder verschwunden, ohne dass ich bemerkt wurde.

Als ich ins Haus kam, wurde mir schwindelig; kleine leuchtende Puppen waren in meinem Blick und tanzten über die Wände. Ich kochte Kaffee; während er durchlief, sah ich nach den Büchern, die meine Eltern lasen –

ich erkannte ihren Inhalt auf einem Blick.

Als ich die Kanne aus der Maschine zog, spritzte brennende, schwarze Pflanze auf meinen Verband und es kam mir köstlich vor als würde ich ihn mit dem Mund trinken; eilig versuchte ich mehr darauf zu verschütten, es musste allerdings ganz natürlich wirken. Das Spiel kettete all meine Sinne aneinander; eine halbe Stunde fand ich mich darin verfangen, bis der Kaffee nicht mehr hinreichend erhitzt war, um Schmerz zu erzeugen und ich in mir, durch Reizüberflutung stumpf geworden, wie ich war, das Derivat des Schmerzes fühlte. Die Dinge waren in zwei Stücke gerissen; ich glaubte, meine Lippen glimmten wie Glühwürmer; ich verspürte den Wunsch in meinem Arm wäre ein gewaltiges Loch, das mich belohnen würde mit der Reizung aller Sinne, wenn ich meinen Mund hineinpresste.

Im Dunkel meines einstigen Kinderzimmers lege ich mich auf den Parkettfußboden und wand meinen Leib; ich dachte, du bist nur noch ein Reptilienleib für mich. Ich verlor meinen Mund.

Doch dann schlug mein Instinkt mir in den Leib; ich wurde sofort Mensch und machte den Raum hell. Meine Sinne kehrten zurück in sich selbst; sie rollten in farbige Schatullen. Wie ein Mund. Der erste Blick, den ich auf meine Schwester warf, ruhte auf den starken Adern, die ihre Knöchel ornamentieren. Ich schleuderte die Decke von ihrem Leib. Sie lag entkleidet im Bett und ihr ganzer Leib war von nässenden Entzündungen und Ekzemen bedeckt, beinahe gräulich pressten sich die Narben eng an die Innenseite ihres Körpers, der vollkommen gläsern wurde bei jedem tiefen Zug ihres

Atems. Von ihrer Unterlippe bis zum Ende des Unterleibs war eine besonders starke, schwarze Narbe. Mir trat Wasser in die Augen; erst glaubte ich, es wäre Blut. Beinahe schien es mir, ich wärmte die Sachen um mich mit meinem Blick; ich sog tief Luft ein – die Luft stank nach der seltsamen Melange von Minz-Pastillen und dem Aroma von Scheiße. Ich atmete aus; die Nachttischlampe hob sich etwas vom Tisch, fünf, vielleicht zehn Zentimeter. Ich stöhnte wie eine würgende Krähe; beinahe übergab ich mich auf ihren geschundenen Körper; etwas tief Lebendiges war in mir und protestierte durch mich.

Und schließlich sagte sie: die Bank an der Bergstelzergasse. Es war zu kalt, aber sie war müde. Ein Mann wollte sich mit ihrem Leib vertauschen, aber sie war zu gut gewesen um zu bleiben; sie war eine Novizin in den Begierden des Menschen. Also legte sie sich müde auf die Bank und da war es: es rollte in ihr Herz; es sah aus wie ein fliegender Kopf aber aus rostigem Metall gemacht, primitiv aber völlig selbstverständlich. Aber ihr Herz war unterkühlt; der fliegende Kopf rollte durch die warme Luft in den entfernten Himmel; obwohl er so schwer schien, kam er nicht wieder herab.

Ich ging hinab, habe mich ohne Bestimmung gefühlt, fast war ich ein wenig frei. Ich holte die ausgerupften Pflanzen in das Haus und warf sie auf die Treppe. Treppe, Leiter. Wie Wille und Zeit. Schon einmal einen freien Mann gesehen? Wenn er eine Spur hinterlässt, die ihn unveränderbar macht, dann würde ich sie verwischen.
Schon einmal ein freies Wesen umgebracht? Es geht

nicht. Unfreie Dinge müssen geschaffen werden.
Ein Atem ist nichts anderes als das.

Stumm wandelten ich und Enrico durch die Nacht. Wir
tauschten unsere Leiber aus um nicht müde zu werden.
Uns war nach Summen; wie eines der polnischen Ak-
kordeonsstücke, die ich so liebte, vor Allem, wenn man
sie an Baustellen macht, doch wir waren still, gleich
schon immer still gewesen. Es ist viel Macht in stiller
Bewegung, im Vorbeigehen; ein sonderbares, aber nicht
abgespreiztes Element in der Landschaft. Man zeigt in
anspruchsvollen Filmen schließlich auch besser keinen
sprechenden Menschen, sondern, wenn es überhaupt
sein muss, vertraut man der Tonspur diese Bürde allein
an. Man muss nichts manipulieren; die stumm Bleiben-
den drücken sich klar aus.

Wir kamen an die Bergstelzer. Er sagte „ich", tatsäch-
lich, dann aber war mein Blinzeln ein paar Meter vor-
aus, vom starren Gehen. Ich berühre die Bank; wie kühl
sie ist und das im Glühen. Selbst wenn es das Glühen
schon gegeben hätte, wäre nichts anders. Doch im
Grunde wusste ich das ohnehin; kein Selbstbetrug,
nein, Schuldgefühle hatte ich nie gehabt. Ich habe mich
aus mir selbst heraus entschieden. Dagegen?
„Weiter", sagte Enrico, brauchte den Mund nicht aufzu-
machen; warum gerade jetzt?
Das Glühen endete, wenige Kilometer weiter, leicht
verstellt ins Feld. Etwas stürzte auf die Erde, es war
aber nur ein Blatt.
Wir sogen das Licht ganz auf; ich sah den Weg entlang,
den das Glühen gezeichnet hätte, wenn es zu mehr ge-

reicht hätte. „Vergiss es", sagte Erico, „wenn man lange genug geht, kommt man überall hin". War schon war, verhältnismäßig.

Ich habe meiner Schwester mal ins Gesicht gespuckt.
Und dann?
Sie hat zurück gespuckt. Aber das war kein Hinweis gewesen auf das Später, nur ein Ding, ausgefüllt von Menschen, Zeit und Objekten, die man teils als leblos, teils als lebendig erachtet. Wie die Taube, die sich über ihren Hals legte. Sie war wie ein Schal, der sich selbst aufgefressen hat.

68.
(Frauenkreuz)

Die Feiern machen dich streng. Mit Dutzenden zusammen zu sein, die du, spontan und aus innigstem Herzen als innige Freunde und geschätzte Gefährten auf deinem Weg deklarieren kannst, hat dich ernst werden lassen. Der erwähnte Weg führt in die Hölle. Aber dir schmecken die Sträuße zwischen den Zähnen. Du könntest dich nicht entschuldigen. Du schlitzt mich.

69.
(Fliegen)

Es belieh die Hochmacht
die Welt mit Köpfen,

und als hing an der Bäumen Harze
Libellen, schimmernde schwarze

Schimmernd schwarz
binden wir an alles
Zöpfe

70.
(Miguel du Sancte)

Aufreizende Öffnung der Haut, unbetrübt von der Geduld der Embleme. Die Zeichen auf dem Fleisch – die Blüte des Gestern – vorgegriffener, ritueller Angelegenheit.

Kinder erschrecken beim Spiel an den Wiesen; aus so mancher Blüte ist ein kleiner, roter Ball eines fast lebendigen Herzens gerollt, auch Pferdeköpfe, so unzerfallen, dass sie, schlafend zwar, aber am Leben scheinend, findet man nebst Osternelken in den Beeten liegen.

Am Stadttor lehnen Piken, die, würde man sie danach ersuchen, aus ihrer gesamten Lebenszeit nichts erzählen könnten. Mit ihrem Haupt lehnen sie an der kühlenden Mauer und hängen den Gedanken nach; das Ende ihrer Schaftleiber ruht im Rosenbeet, das um ihren Fuß herum allerdings weit ausgedünnt ist. Je länger man hinsieht, desto einfacher wird ihre Gestalt. Die Rosen bleiben von schwarzen, ornamentierten Gittern eingeschlossen.

Die Dinge lehren die Höhenangst.

Kinder sitzen an den Überresten der Stadtmauern und bekehren den Staub. In den Nächten sitzen die Eltern an ihren Betten und beten, damit die Kinder nicht vom

Efeu bedeckt werden; die Kinder lesen in den Händen
der Eltern; an den müden Morgen fragen sie die Kinder
aus und werden belogen. Jemand schlägt ans Fenster;
die Stadt wird blau.

Die Straßen werden alt.
Heiterkeit greift um sich; die Straßen, sie sind alt.
Das Nachtmaar kann nicht auf ihnen gehen.
Ein Dieb klettert über die Piken auf das Gatter der
Stadt.
Er wartet auf seinen Verfolger.

KAPITEL 6
STILLE NACHT
STILLER STERNE

71.
(Murmillo)

Mit dunklem Raunen schließt sich das Zeitfenster; unter dem Himmel zerfallen die Thraker. Kräuter füllen das Gesicht auf. Am Ende der Nacht sitzen die Portiere in der Askese des schönen Narcissos.

Wir nutzen kein Wort darüber. Wir sahen die anämetische Früh und den Schnitt im regnerischen Konvuls. Wir gehen nach Libone.

Vor der Nacht tragen sie Kühlkränze; sie tragen sie mit der Todessehnsucht. Sie beginnt. Sie reiht sich in die Aggregate auf, trinkend an der großen Emulsion des Lichtes und des Nichts; an Plagen, Auszehrungen der planetaren Enthüllungen und schwarzen Löchern weicher, entformter Gesichtsvermengungen. Vor und zurück steigt das hypnotisierende Siegel der Löwenbesteiger aus Libone. Ihre Blicke stürzen hinab auf Kinderaugen-Kelche und dem Wüstenlilie und ich!, Ein Schlafwörterkraut!.

Ihr Auge ist ausgehöhlt; die Höhle ist tief. In ihrer Augenhöhle scheint gelegentlich das Haus zu erscheinen, vor dem sie sitzt. Sie ist prä. Gegen Blutgeld vertauscht sie ihre Gestalt mit dem Ursprung; gelinde gesagt, ist sie schöner als das Verstreichen der Kurzweil. Für sie reicht ein einziger Moment; den trinkt sie ganz. Unter der Nacht die Thraker.

Am Ende der Nacht warten die Portiere, die Knaufauf-
näher und die gebratenen Wachmänner mit runden
Zuckerschrumpfköpfen am Bauch, selbst mit geschlos-
senen Köpfen, selbst ein Schloss. Sie sitzen zwischen
uns und Libone, mit Leberflecken und verdünnten Li-
kör auf ihren Caliban-Hemdchen. Sie liegen mitten
über den Dächern; sie tauchen in sich ein. Unter ihnen
in der Gasse ermüden die Tiere. Sie haben menschliche
Lenden.

Sie, vor der Nacht, ist ein Dämon. Gelegentlich, wenn
sie betrunken ist, beginnt sie unvermittelt sich selbst
Namen zu geben. Schwarz und Weiß bin ich; ich zerre
getrocknete Krebse durch die flachen Gartenteiche. Ich
habe eine weißrussische Nase, Gegengifte, ein einziges
Lied und Ernst in meiner Seele. Ich flüstere ihr zu, vor
dem Haus, wo jeder von ihnen es sehen kann aber
Angst besitze ich nicht. Ich bin in unter der Nacht. Ich
lecke Salz von ihren Zehen wie ein Hundekörper oder
ein Kaskadenkrebschen. Trocken wie Büffelhaut.
Kleinlippenbekenntnisse zwischen den Alkoven und
Kornklippen; Waliser Inseln mit Klöstern.

Sie ist vor der Nacht. Sie bittet auf die Veranda und
drückt uns in ihr Fleisch. Ihr Blick ist ruhig dabei, sie
erfasst uns im Moment unseres Ergusses, lächelt sach-
lich, schneidet uns die Köpfe vom Fleisch des Halses,
lässt sie zu Steinen erstarren, wirft sie auf einen Haufen
bis dieser sich über die Nacht türmt.

72.
(Fadenstich)

Ich schüttele meinen Kopf. Die Filzfabrik. Die Arbeiter grüßen mich mit dem Kundenlächeln, das sie mir gar nicht schuldig sind. Ich frage sie nach Bernhard Felskamp und sie deuten mit ihren silbernen Scheren, wie gegen einen Lykantrophen, in einen achteckigen Blechbottich, der in der Mitte der kleinen Halle in den Boden eingelassen ist.
Aber dort finde ich ihn nicht.
Ich will nicht zweimal fragen. Eigentlich will ich nie wieder fragen. Ich krame das hölzerne Etui heraus für eine Zigarette. Das satanische Merban-Holz hat mich unzählige Male gestochen; sogenannter Hirnriss; längs der Faserrichtung. Zu rauchen ist untersagt, aber niemand hindert mich. Die Arbeiter sind zu ihren Aufgaben heimgekehrt.
Ich sehe Apparate die Zungen rollen. Draußen wird's nicht mehr regnen. In der kleinen Halle steht ein Holzraum wie ein kleines Haus. Es wurde einmal verboten. Das macht niemanden was aus. Niemanden macht es aus. Wie der Regen sein soll; es tut niemanden weh. Ein Karton steht, einen Zeigefinger weit über die Angeln hinaus, vor der Tür. Sie öffnet sich und der Karton sieht aus, als stelle er seinen rechten Fuß vor. Eine schmucklose Glühbirne über der Tür leuchtet auf. Der Raum wird durch sie zimmerhell, wie er es zuvor auch schon war. Es ist lauter geworden. Die Arbeit selbst aber ist leiser. Die Tür schiebt sich zu. Der Karton nimmt sei-

nen rechten Fuß zurück. Die Glühbirne schmerzt leicht in den Augen. Die Zigarette hat ihren Geschmack verloren. Ich schnipse sie in den Bottich. Einer der Arbeiter dreht sich leise um. Er macht kein Gesicht als er dem Zigarettenstrunk umständlich hinterher klettert. In der Grube auf die Beine gekommen, ohne sich an den Stumpen zu erinnern, verharrt er aufrecht stehend. Die Glut erlöscht früh. Ich sage, dass die ganze Stadt nach Bernhard Felskamp sucht. Der Karton stellt seinen linken Fuß vor. Es regnet nicht mehr und die Sonne sieht stutzig durch die Wolken. In wenigen Sekunden verbrennt die hitzeempfindliche Stadt.

73.
(Sepia / Nächtliches Wohnviertel)

Dein Valentin ist gekühlt
Ein Brandsicherheitsnachweis / Möchtest du
einer dieser leicht zu erhaltenden Blumen haben?

74.
(Erde)

Ein Lächeln hat sich in mein Gesicht verbissen. Es presst sich streng durch die Trauerweiden und Rosmarinsträuche; sein Hals liegt zwischen den urzeitlichen Ösen der Landschaft und wildert. Und im Holz, auch dort steckt es. Es vibriert auch auf den Hügelkuppen und in deren erheblich fleißigeren Auslaufphasen. Ich lasse meinen Mund oszillieren; ich beiße das Blut aus den Lippen und lasse es schließlich zurück schaukeln.
Mutter steigt ins Haus. Mutter steigt aus dem Haus.
Ich lehre dir die Wiesen zu falten. Sie führt mich zu den Wiesen, sie legt die Köpfe der männlichen Halme an die Bäuche der weiblichen Halme und die Köpfe der weiblichen Halme an die Bäuche der männlichen Halme.
Und ich weiß

Ich lebe auf der kalten Veranda wie in einem Höhlenreich; ich bin stattlich wie Vieh. Manchmal spiegeln sich meine Knie im Nacken von Mutter, die draußen im Schlaf das Feld bestellt. Ich lächle; in der Stadt E. wartet ein Mädchen auf mich; ich schrieb es ihr auf ihren Schal, damit sie nicht noch schwächer werden kann. Sie drückt sogar die Feuchtigkeit des Schlafes in den Schal, ich weiß es; für Schwankungen der Luftfeuchtigkeit sind wir schon immer sehr anfällig gewesen. Die Naturfeuchtigkeit nimmt uns nicht immer die feuchte Arbeit.

Der Gleichgewichtssinn liegt im Kinderhimmel; diese
Dinge machen achtsam.
Meine Mutter schüttelt ihren Schädel.
Mutter steigt ins Haus. Mutter steigt aus dem Haus.
Nun werde ich dir zeigen die Wälder zu demütigen. Sie
führt mich zum Wald und verflucht die grün zerfetzten
Häupter; den Wurzeln lässt sie nur gelegentlich sanftere
Flüche zukommen; die Häupter schieben sich ineinan-
der und füllen sich zu festen Bällen auf.
Und ich weiß

Meine Mutter kreischt öfter unvermittelt. Das liegt an
meiner Dummheit, sagt sie. Ich falte die Arme über
dem Dach und lasse die Tiere aus dem Feld. Ich hätte
Salz heißen sollen, schreit Muttern. Oder sie denkt es.
Wer hier lebt, der braucht ein Feld; ich habe das Mäd-
chen; Mutter hat das Feld – ich weiß, sie wird es nicht
soweit kommen lassen, dass ich erbe. Lieber würde sie
ewig leben, sagt sie vor sich hin, stetig. Das Lächeln im
Gesicht meiner Mutter tritt ausschließlich aus linki-
schen Gründen ans Licht. Sie ist eine ehrliche Frau und
meine Lüge ist das Gift ihrer Ehrlichkeit.
Gelegentlich sammle ich alle Sterne in meinem Spei-
chel, in dem sie nicht weniger gefügig sein dürfen als
es die Fliegen sind und am Morgen, an jedem holprigen
Morgen, klebt der Ahorn und Schweiß an meinem
Mund und das Leben fühlt sich an wie eine langsame
Insomnie. An einem Morgen war die Sonne auf dem
Feld liegen geblieben und warf unsere Schatten über-
groß in die Hügel. Meine Mutter sagt, ich hätte ge-
träumt, aber sie ist tückisch. Ihre Spiele sind genau und
undurchschaubar. Sie hat die Sonne vom Feld genom-

men, sie hat die Sonne mitgenommen.

Mutter steigt ins Haus.

Natürlich; man sagt, dass, da Artemis mit den Augen der Tiere sieht, sich diese eins auf den Bauch gelegt haben und warten. Aber laut Mutter hab' ich keinen Mund für so etwas. Was für eine Erleichterung für sie. Mutter dreht auf der Schwelle; sie dreht sich in den Himmel. Sie legt sich vor das Haus, wirft ihren Rücken auf die Erde und langsam hebt sie sich über diesen steinernen Albtraum wie auf ein Mausoleumspodest. Auf dem Podest liest sie seine Zeilen stumm in sich hinein:

Mutter
(schließe deinen Mund)
(nimm den Abend hinein)
(sprich das Land still)
(erwähne den Teil des Fleisches)
(betrete den Abend)
(schweig und drehe)
(spiel das Land)

Ich lege meine Hände über dem Haus zusammen und würge Mutter wach. Ihr Speichel rinnt links und rechts vom Haus. Mutter kreist über dem Haus. Beherrsche dich, warte in der Stadt auf mich; dort muss es wie ein heilsamer Albtraum auf mich wirken. Mutter wirkt alt. Nun werde ich dir zeigen, wie man das Feld vergräbt, doch wir müssen und beeilen; bald hebt sich der Mond in das Tal.

75.
(Lysander)

Die Mühlen sind trocken. Der Großvater legt sich lang
über den schwarzen Tisch vor Glanz. Er hält noch die
Haarspange meiner Mutter im schweren Gebiss.
Die Stube schließt sich gleich eines groben Sacks
dessen Kranz zerrieben ist.

Das Fagott stolpert über den Abend mit einem Ring aus
Gin, Zitronenaugen daran.

Die Rehe stehen am Bach auf Augenhöhe, nur liegen
sie verkehrt herum in der Luft und reiben ihre
Blechzungen auf Stirnhöhe bis das letzte Geheul zer-
bricht. Kopulierende Katzen stehlen sich laut die Au-
gen.

Im Mond ist nur Licht, kein Schein. Die Gerten zittern
auf indische Art. Ceylon-Tee steht in einem purpur-
rotem Besteck im freien Feld:
Den Gerüchen zu folgen führt.
Ein Brocken Erde zerplatzt. Alle Dinge des Gesichts
sind Mückenmuster: die Hand stürzt auf den aufblitzen-
den Arm herunter und der Kopf wird zu einem Ball.
Über den Duft der Gräser hinweg. Sie verstümmeln
sich, die jungen Männer, und vergiften ihre Väter. Ein
Gesicht, das sich aus dem Grasboden gräbt, zerplatzt im
Gras.

Mumm. Er sagt: du brauchst Mumm. Sie streicheln den
Kopf hinab. Sonne hat geweht, Stöcke geschnarcht.
Von unten in den Schirm gekrochen, dem Gestänge ent-
lang hinaus; manche Talente kommen von Tier, das im-
mer da ist. Ich bin durch eine Schleuse entwichen. Das
Auge hat ein langes Haar.
Wir binden die Spatzen vom Berg. Körperwärme:
Maniküre; und Seelengeheul.

Meine Tochter weht die Halme aus der Gracht, aber sie
fliegen von hinten her in ihr Gefell hinein. Sie steckt
die Hände in den Schweif bis der Blick niedersinkt.
Im Feld zittert ein Fels. Er gehört zu den Bäumen. In
der Küche wächst das Gras; aus den offenen Schränken
blitzen grüne Quarzhauben uns an. Auf dem Spülbeck-
en verfault eine Hand; aus ihr sickert tiefbraun die
Stärke; ein Glatzkopf mit orangenem Haupt schlüpft in
einem metallenen Schuh.

Ich verbinde meiner Tochter die Hand, bis sie schweigt.
Hat ihr Kopfblut in Kristallschüsseln vergossen, ist in
Zierkühlen gestürzt oder in Nägel gekrochen.
Auf dem Feld stehen Bestecke mit Ceylon-Tee,
türkischem Apfel-Tee und Gesichtsfleisch.
Sie tasten sich von hier bis dorthin vor. Auf Stechschiff-
en, aus Laternen gemacht.

76.

(Reklame eines Outlet-Stores)

Der Xenon-gekleidete Buddha

Im Fenster des Outlet-Stores
bestiehlt
    der Entlassene
die Urna vom Haupt des
    in Xenon gekleideten Buddhas

Die Laternen der Straße sind ein Verlies.

    Zar durch Anvertrauen und schwarzer Kaiser.
    Beeren aus Nikotin-haltigem Schlamm
    erwachsen;
    der warme Schenkel drückt;

    gefeilschte Silben heizen den Feuerglobus an -
    nur eine Anzahl getöter Silhouetten,
    nichts anderes bewirken sie...

Ein Dieb hungert die Urna in einer Koralle aus,
er schläft tiefe Ferne zu sich hinein;
er ist eine Kette aus Frost,
seine Karren trüben Wälder,
seine Gerissenheit ist Spiel von Holz.
Er kräftigt

Er ist eine Haut aus zigfacher Perle.
        Schiebt sich eine Gage
        in das Fach des verstorbenen Wagens.
        Was kann schon verhindert werden?
        Warum leben sie?

77.
(Delft)

Dass man ihn hergeben solle und dass man sich nicht anstellen solle. Mutter brüllt die Finger im Wasser an unterdessen sich die Hände des Kleinen in den Lamellenkörper verbeißen. Man war einverstanden den Regen zu schließen und die Sonne in den Delft hineingleiten zu lassen. Vatern verbirgt das Gesicht mit der Luft; es ist zu vermuten, dass er seinen Hals tiefer in den Delft dreht. Er hasst Delft; in Delft bewegt man sich nicht. Stumm verzehren sich die Kastanien in seinem Papiermantel. Schwestern balanciert auf einer Kanone, denn die hat einen Geschmack von Blut und lichtet sich mit der Sonne ab; diese scheint den Wolkenrock nur für sie aufgerissen zu haben und ihn an die Stirn des Vaters zu pressen. Die Sonne sickert ein und zerfließt auf den Pontons. Vatern will etwas aus dem Mund vertreiben, doch er krieg das Kleid nicht aus der Kehle. Die Großeltern bewegen sich in Phänomenen; Großvaterns Stirn lauert - sie ist eine, gegen die Familie nach hinten gehaltene, Targe. Vater lässt Kastanien in den Rock fallen und sich an die Stirn rollen; er ergreift den Sohn an der Schulter; er übermittelt ihm gefährlich seine Kameradschaft wie ein Dieb; es ist nichts, das man mit einer einzelnen Hand schaffen kann; es ist unmöglich so in Anstand Maronen zu verzehren, findet Muttern.
Der Sohn beißt in keine Marone. Den Kleinen führt Muttern am Schirm und sie angelt Kastanien aus Vaterns Papierleibchen. Schwestern beugt sich weit über

die Kanonenspitze; sie weiß nicht, wie die Kastanien zu essen sind; es ist ein unüberschaubares Schlachtfest. Großmuttern zirpt. So ist Delft. Weiter, den Delft hinauf, sitzt ein Maler; er sieht die Familie noch nicht. Vater krümelt einen Satz; die Flugbahn eines Steins ist ein Irrtum, heißt er und wirft sich auf das Blut wie ein Tier. Muttern winkt den Delft hinüber, winkt über das Wasser; so ein Winken ertrinkt. Sie schreit hinüber und so ein Ruf ertrinkt. Der Maler dreht sich im Wind und sieht den Kleinen; der sieht aus wie ein Fußgänger, denkt er; schließlich verschließt er es in ein Erotikum, wobei er seine Verliebtheit hinter das Ohr in klebrige Haare legt. Großvatern streicht einmal komplett über Großmuttern; zu den Füßen muss er sich nicht einmal bewegen, so ernsthaft streicht er über sie. Du bist nicht welk geworden, flüstert er ihr zu; ein Liebesbrief steht auf der Stirn von Großvatern, Großmuttern kratzt sich zur Antwort obszön den schwieligen Bauch.
Schwestern nimmt die Kanone zwischen ihre Brüste; die Familie bewegt sich zu langsam, überhaupt nicht, laut Vatern, der gemächlich seinen weichen Gesichtsrock zerkaut. Sohnemann bewegt sich von allen am wenigsten, starr nur bewegt er sich auf wenigen Zentimetern irgendwo im Abgrund. Es beruhigt zu wissen, dass, wo Wasser ist, Tiefe ist - eine Viskosität entfernt von den Ängsten. Typisch, murmelt Vatern. Muttern ist nahezu annähernd regungslos [Er muss alle möglichen Bewegungen, Formen und Accessoires eines Menschen schließlich irgendwie beherrschen, wie soll man es ertragen, dass ein (leidenschaftlich) Geliebter außerhalb der Gegenwart sich auch nur im Geringstem rührt? Dass er weiß sich zu bewegen; fortzuwachsen in seiner

wilden Präsenz...]. Vatern ertrinkt im Rock [Sein Kopf liegt in einem Sack von Häuten mit hundert Flittern verschnürt].

Großmuttern und Großvatern vernarben sich zu einem Keil und sickern gewaltsam in den Kai. Muttern gewinnt den Schirm, spannt ihn und ihren roten Leib. Sie bricht eilig zwei Lamellen. Behüte dich, du schläfst. Gegen Abend füllt sich der Mund von Muttern mit Blut, arbeitet.

78.

(Kanariengeister)

Ich bin aber kein Prophet
Jeute im Käfig finde ich ein verfaulendes Rad
Die Kleinen verschließen einander wie eine Tür

79.

(Froschmann)

Der Barsch schwimmt durch die breiten Straßen der
Stadt

Jetzt steigen die Lieder
und nach oben
zur Welt hin
neige ich mich

Nun bist du zitronenfarben
Und ich ebbe auf all die Fahrzeuge hinab
Und höre deine langsamen Worte

80.
(Vogelkäfig an einem windigem Tag)

Ich kämpfe gegen die Katze mit Grabesmiene
Wird mein Himmelchen sich drehen
Öffne das Nest

81.
(Höllenleben / Waldheim)

Ich bin müde und drainiere deine Brille
Das Wochenende wird uns belohnen
Sie werden uns Hände schenken
und sich bei großen Analytikern beschweren

Der Faden der Glühbirne liegt über deinem Bauch
wie eine Durchstreichung
Unsere Tiere werden gerade geboren
Und die Sicherungen brennen durch

82.
(Mitternacht)

Der Polizist schaute in die Mockturtle-Suppe. Das kam mir ziemlich schräg vor, ehrich gesagt. Er hatte so viele Pickel. Aber ich glaube, er ist sehr firm. Wenn der im Liebes-Modus ist, dann wird es sicher gut; alles. Wenn er sich aber an mir etwas auslässt, mich vielleicht sogar ungerecht behandelt, dann sollte ich mir daraus nichts machen. Keinen Kopf. Das macht er bei einem anderen wieder gut.

Es dauert eine Weile, bis ich mich erinnere, dass ich garnichts verbrochen habe, er mich nicht verhören will und mich nicht gefangen hat oder erwischt bei irgendwas, wobei ich gar nicht wüsste, was überhaupt. Da errät er mich.

„Sie müssen nicht hierbleiben", ich lächle wie eine weise, dankbare alte Dame „Ich weiß das jetzt".

Ich sehe jetzt den nächtlichen Verkehr in die Stadt, als seien meine Augen durch eine Kamera ersetzt.

Weit oben hier: obwohl es umso überraschender – im Verhältnis – ist, wie leise unten einem der Verkehr vorkommt, ist doch ergreifend, dass du hier ober nichts mehr hörst, schon. Man sollte denken, dass man all das schon nicht mehr sehen kann, während man es schon hört.

Diese Maschinen bewegen sich so eindrucksvoll elegant als ob die Menschen in ihnen ausgestiegen und nach Hause gegangen wären.

83.
(Glaspalast)

Die Nacht nimmt noch
das Leise mit

und
sie stiehlt sich.
Sedna sieht dich mit leeren Seiten an.
Der Korb bricht hell.

Unser ist die Geduld.
Er übt.

Die Nüsse sind vergraben in dichtem Heu.
Eine Gegenwart stahl sich mit.

Im Kanal versinkt alles dreimal.

Der Kopf einer Dohle
frisst sich in meinen Nacken,
langsam, mit Schiffsaugen.

Die Hälfte der Welt
und die Hälfte aller Sternzeichen,
der Norden,
auch depravierte Geschöpfe

Alle Zeit der Welt
Ich verspreche mir, dass es unmöglich

genug sein kann

und ich übe
übe nur noch

84.

(Corcovado)

Die Art ihrer Bewegung und die Art, die Art ihres Ganges, lassen nichts von dem Stolz auf das, was sie sind, vermuten, der durch einen klaren Spiegel hindurch getaucht und eng an ihrer Seele liegen müsste.

Es ist ein Abend des frühen Frühlings und sie gehen heim. Sie haben Sehnsucht nach ihren Soirées und ich komme in die Stadt aus einem ähnlichen Grund. Es ist doch logisch; sie ist mir so sauber übergeben worden, dass ein Abendessen hier möglich wäre, unter den elektrischen Lichtern, die freundliche Gespenster geworden sind, da sie altmodisch zwar wirken, aber es unmöglich ist, sich etwas vorzustellen sie abzulösen.

Mir aber fehlt diese Temperatur; generell ist mir ein bestimmtes Gefühl für Temperatur abhanden gekommen. Ein Übriges tun sie, die Arschlöcher mit ihrem schroffen Benehmen. Auf dem Weg bin ich nicht nur von einem Kino zu einer pünktlichen Tanzaufführung zu spät gekommen, auch hatte mich ein großer Rasierapparat splitten wollen. Und wenn ich mich noch daran erinnere, gluckert und schluckt die Sonne oben wie ein schwimmender Körper, der kein Bestreben sein eigen nennt, es tun würde, obwohl sie während des ursprünglichen Ereignisses bereits ganz versunken wandelnd nun: ein langer Blitz, ein wie zitternde Zahnseide über den Bürgersteigen gehender, der unter mir, sobald er mich erreicht, das Pflaster und den Erdboden unter mir sprengt und mich sehr weit hochschleudert.

Bänder kreuzen sich auf dem Markt.

Ich sehe die Tänzer noch halb von hinten, die ich gestern aus erster Reihe angeblickt habe, nachdem ich zufällig etwas mitbekommen hatte, wie das gesamte Publikum, denke ich, und nicht wusste, wann die Vorführung enden würde. Ich hätte gerne was mit ihnen zu tun gehabt... nur ein treuer Zuschauer. Der eigenwillige Mitspieler hinter der Bühne; durch das Auge in die Brust. Sie sind längst in die Wärme des Alltags eingelassen als ich über ihre verschwundene Bühne in Richtung der Straßenbahn gehe. Heraus aus der Stadt.

Die Stadt ist leer. Wie sich vor dem Tod ein Traum aus dem Gehäuse seines Körpers zurückzieht, ist jeder Menschenkörper heim gegangen oder zu einem anderen Ort gezogen, der zählt. Es ist nur das Zählen übrig geblieben. Schon die Überreste des Marktplatzes haben sich nicht wie der Mensch von Gott oder Mensch beflecken lassen, und die Pflastersteine konnte man putzen wie man wollte. Sowas wie ein frisch weg geschossenes Stück einer Kohlrabi blieb fester am Grund wie ein Pilz. Es waren Dinge, die vom Markt bleiben.

Bevor es losgeht, wird es nur kurz vorher und das auch eher zufällig ruhiger, zumal die Menschen zwar ihre Geräusche der Stadt in die Stadt bringen, diese ihm dann aber enteignet werden, besser gesagt, erachtet er sie gar nicht als einen Besitz und von ihm unabhängig existierend, wie ohnehin alle Leistungen vorwiegend auf dem Gebilde der Stadt erbracht werden bis auf einen verschwindend geringeren Anteil; so wie der Mensch seine Zellen betrachtet, so betrachtet sie ihre Menschen, obgleich sie diejenigen sind, die sie erhalten. Und nun wie ein Zahn ins Fleisch ziehen sich die Pflastersteine, die Obst-, Gemüse-, Käse- und Fleischreste, die Fasern der groben Säcke, Kunststoffsplitter, verlorene Haare, Taubenkot und Textilien, die ausgesaugten Zigaretten und vergossene Flüssigkeiten, aus mehr Quellen als Gesichtern, auf dem Markt in die Erde zurück. Und auf der Oberfläche schäumt es noch um soviel länger als das vorige dauerte, denn auch das Zahnfleisch wird hinab gedrückt und verdaut; der gesamte, in die Erde gegrabene Kopf. Der Brunnen sinkt in sich zusammen, mit seinem Wasser wie eine Utricularia, die sich betrinkt und die wenigen Birken und Bucheckern entfalten sich wie Nelkenkelche; ein dürrer Zahnstocher ihres Stammes bleibt für einen längeren Augenblick stehen, während die äußeren Ringe drehend sich entfalten und rülpsend das Harz in faserdünnen Spritzgeysiren hinausschießt. Und die Gebäude bilden, gravitätisch, als seien sie sich ihrer Bedeutung durch mehr als ihre aufgeladenen Leiber bewusst, einen hinabsinkenden Kessel und die Lippen des immer noch in einer Nicht-Erhebung über die Geräuschkulisse der Stadt sich ereignenden und entstellenden Sumpfes, über dem sich der dahinter liegende Park schon als nächtlicher Wald in einer ihm nicht zu eigenen Wildheit und Natur ergießt.

Dieser Abend war wieder kühl, bemerkte Jan und zog sich einen Bademantel über als er auf die Terrasse ging. „Er schaut immer noch her", rief er in das Haus. Eine kurze, winzige Verdunklung zeigte, dass seine Botschaft aufgenommen wurde. Er ließ den Nachbarn einige Momente lang in seinen Nacken schauen bevor er sein Gesicht wieder dem Draußen, dem gegenüberliegendem Holzhaus zuwendet. Es ist die dritte Nacht, die dieses fade alte Männlein in seine Hütte hinüberschaut, in der Zeit um die Abenddämmerung herum; es kommt ungelenk und mit leichtem Hängen der rechten Körperhälfte auf die eigene Veranda hinaus und verharrt dort wie ein Primat, der eine Fluchtentscheidung zu treffen hat. Diese Pupillen breiten sich in der Form eines Sterns über den Apfel vielleicht bis tief in den Schädel aus und zwinkern so äußerst selten... Und die Hand, die an der schlaffen Hälfte seines Leibes hängt, war locker am Ende ihres Armes, aber wie bei einem Primaten krümmen sich die Finger wie im ersten Ansatz einer Greifbewegung einer menschlichen Hand.

Am ersten Abend hatten er und Miriam noch mit Bierdeckeln hinüber geworden und ihn beschimpft, vor Allem sie. Danach hatte Jan sich schon mehr vor ihr geekelt als vor ihm. Er hat danach sogar aus Buße versucht ihn als untergebenes Faktum zu akzeptieren... aber das ging dann natürlich auch nicht so einfach. Allein dass er wieder auf die Terrasse gegangen war.

„Frohsinn ist Gesundheit, Trübsinnn ist Krankheit" stand im chinesischen Spruchkalender. Und Jan zuckte zusammen, weil sie relativ achtlos die Zutaten für das Abendessen, vor dem unterstem Kühlschrankfach kniend, auf die Theke hochwarf, was etwas Gereiztes besaß. Er freute sich schon darauf, dass sich die Küche an einem frühlingshaferen Tag ausweiten würde. Jetzt, wo es schon dunkel ist, früher als noch gestern, lag ein Lichtwurf auf der Theke. Das Ungleichgewicht zwischen Helligkeit und Dunkel war so weit gekippt, dass sich der Kontrast immer mehr und mehr vergrößerte. Und irgendwoher aus dem ahnenden Bewusstsein flackern bereits die Bilder des endgültigen Entzweifallens der Welt auf, so dass eine flimmernde weiße Blase über Miriam auftauchendes Gesicht, nicht flackernd und nicht flimmernd, flackerte. Und aus dem Holz steigt die Ahnung der Insekten auf und die Feuchtigkeit des Waldes. Geölte Buche. Der weiße Fleck vermodert über ihrem Gesicht. Er würde gerne mit der Hand über ihr Gesicht fahren und es verschmieren. Zuerst die Augenränder zu weichen Sternen modellieren. Und grüne Büschel in ihrem Gesicht verteilen. Es ist ihm so egal. Und dann aber trug sein Finger keine grünen Büschel sondern eben ihren braunen Busch auf und schon mischen sich das Begehren und die leichte Missbilligung ihres Leibes und in oft vollzogenen und abgebrochenen Gedanken verschwindet die ganze Phantasmagorie von Sonne und Natur in fliehenden Rauch.

Sie stellt ihm ein Bier hin, er greift genüsslich danach; obwohl sie hinunterblickt auf die Zutaten, unschlüssig wirkend und auf eine skurrile Weise schüchtern, lächelt sie als er es nimmt und sie zieht das Messer erst in dem Augenblick aus dem Block als er die Küche verlassen hat.

Es stach ein wenig, hinter den Augen. Er würgte mit seinem Feuerzeug den Kronkorken auf und trank; es war kühl und alle Gerüche und anderen Sinnesempfindungen blieben in der Luft staksen. Es breitete sich sofort zu einem Whirlpool aus. Kleine Grazien und Schildkrötenpanzer zum Musikmachen wirbelten noch vom Boden an die Oberfläche.

Die Stube hatte eine sonnengelbe Luft in sich; Palmen und an den Schrägen sind Antilopenfelle angebracht. Dazwischen das Bild einer schönen, schwarzhaarigen Frau deren Locken es unmöglich zu machen zu sagen, wo die große schwarze Katze beginnt, die sie an ihr Gesicht hält.

Und ihm ist nach langer Zeit nach Musik.
Corcovado– Quiet Night of Quiet Stars.

- Ende -

Dieses Buch enthält Texte aus meinen vier vorherigen Büchern, erschienen (teilweise mit dem zusätzlichen Alias „Se-Laika") bei Books on Demand GmbH:

Catoblepas
Glaspalast
Armenbegräbnis
Die Hülle des Diebes

Wer erfahren möchte, welcher Text aus welchem Buch stammt, so findet sich eine Rubrik: „Liste der publizierten Texte" auf meinem Blog, den ich euch gerne einlade zu lesen:

Selaika.wordpress.com

Ich bin nicht immer am Ball, aber versuche hier ab und an Details über stattfindende Lesungen oder neue Publikationen zu veröffentlichen.

Derzeit arbeite ich an der Publikation verschiedener Romanprojekte, vor Allem einer Sammlung von Reisetexten und Alltagsnotizen, sowie von drei Romanen, die eine lose Trilogie bilden werden. Ferner arbeite ich zur Zeit an einer mehrbändigen Romanreihe.

Bei den Acrylbildern auf Vorder- und Rückseite sowie beim „Zitat" auf Seite 4 handelt es sich um Erzeugnisse von Christian Mauck; die Rechte liegen damit beim Autoren.

*Dieses Buch ist meiner Familie und meinen Freunden,
meiner selbst-erwählten Familie, gewidmet.*

*Es mag dem unebenen Weg geschuldet sein, den ich
selbst heute noch gehen muss um jeden Tag mein Ich
auf's Neue hervorzubringen, und ich war nie der
Mensch, fraglos die Grenzen zwischen unseren Zellen
zu akzeptieren.*
*Aber jeder von euch, den ich in mein Leben schließe,
ist Teil meines Daseins, und so wie jede Zelle die
Codierung meines Körpers in sich trägt, trägt jedes
Wesen meines Lebens das vollständige
Entstehungswort meiner Seele in sich.*

*Ich danke euch, dass ihr seid
und mir erlaubt zu sein*

- Christian Mauck, 13.02.2018 -